30. 10. 2014

Liebe Sarah
alles Liebe zum
Geburtstag ♥ ♥
und viel Spaß
beim Kochen.
Susi

MARTINA KITTLER

einfach
VEGETA
RISCH

Mit der kostenlosen »GU Einfach Kochen«-App zum Buch hast Du Deine Lieblingsrezepte immer dabei!

Und so einfach geht's:
Lade die kostenlose »GU Einfach Kochen«-App im Apple App Store oder im Google Play Store auf
Dein Smartphone. Starte die App und wähle Dein Buch aus. Scanne das gewünschte Rezeptbild
mit der Kamera Deines Smartphones. Klicke im Display auf die Funktionen Deiner Wahl: Sammele
Deine Lieblingsrezepte und teile sie mit Deinen Freunden, speichere und verschicke Deine
Einkaufslisten per E-Mail oder finde ganz einfach den nächsten Supermarkt in Deiner Nähe.

EXTRAS UND SERVICE

20 STARTER UND SNACKS

44 AUS PFANNE UND WOK

72 AUS DEM TOPF

98 AUS DEM OFEN

QUALITÄTS
G|U
GARANTIE

DIE GU-QUALITÄTS-GARANTIE

Wir möchten Ihnen mit den Informationen und Anregungen in diesem Buch das Leben erleichtern und Sie inspirieren, Neues auszuprobieren. Bei jedem unserer Bücher achten wir auf Aktualität und stellen höchste Ansprüche an Inhalt, Optik und Ausstattung. Alle Rezepte und Informationen werden von unseren Autoren gewissenhaft erstellt und von unseren Redakteuren sorgfältig ausgewählt und mehrfach geprüft. Deshalb bieten wir Ihnen eine 100%ige Qualitätsgarantie.

Darauf können Sie sich verlassen:
Wir legen Wert darauf, dass unsere Kochbücher zuverlässig und inspirierend zugleich sind. Wir garantieren:
- dreifach getestete Rezepte
- sicheres Gelingen durch Schritt-für-Schritt-Anleitungen und viele nützliche Tipps
- eine authentische Rezept-Fotografie

Wir möchten für Sie immer besser werden:
Sollten wir mit diesem Buch Ihre Erwartungen nicht erfüllen, lassen Sie es uns bitte wissen! Nehmen Sie einfach Kontakt zu unserem Leserservice auf. Sie erhalten von uns kostenlos einen Ratgeber zum gleichen oder ähnlichen Thema. Die Kontaktdaten unseres Leserservice finden Sie am Ende dieses Buches.

GRÄFE UND UNZER VERLAG
Der erste Ratgeberverlag – seit 1722.

Wenige Extras genügen
fürs Veggie-Kochvergnügen!

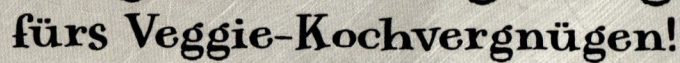

1 Der große Topf

Braucht man für den kleinen Haushalt wirklich einen großen Topf? Ja, vor allem, wenn's öfter Nudeln geben soll! In einem hohen und breiten Topf können Spaghetti & Co. locker schwimmen. Und auch zum Blanchieren von Gemüse in reichlich sprudelnd kochendem Wasser ist er ideal. Die erste Wahl: ein robuster Edelstahltopf mit Sandwichboden, großen Griffen, die nicht zu heiß werden, und einem dicht schließenden Deckel.

2 Die Stielkasserolle

Ein Topf, ein Griff, ein Muss für jeden Hobbykoch: Die Stielkasserolle ist je nach Bedarf und Größe ganz flexibel, mal Kochtopf, mal Pfanne. Mit ihr kann man braten, kochen, pochieren und dünsten. Und dank des Stiels einhändig zupacken. Die andere Hand bleibt frei zum Umrühren von Suppen, Saucen, Risotti. Unsere Empfehlung: eine mittelgroße Kasserolle aus Edelstahl mit Deckel und wärmeleitendem Boden.

3 Die kleine Pfanne

Nur mal schnell ein Spiegelei braten oder Pinienkerne anrösten – für eine Kleinigkeit muss es nicht immer die große Pfanne sein! Eine Mini-Pfanne (16 cm Ø) aus leichtem Aluminium mit Keramikbeschichtung, energiesparendem Wärmeleitboden und Deckel ist eine Anschaffung für viele Fälle. In der kannst Du Gemüse fettlos oder nur mit wenig Fett braten, sanft schmoren und auch dünsten.

4 Die Wok-Pfanne

Die Pflegeleichte aus Aluguss mit Stiel und abgeflachtem Boden lässt sich besonders leicht händeln. Zwischendurch mal schwungvoll schwenken, statt dauernd rühren – das geht mit dieser universellen Pfanne mit links. Dank der hohen Wände kann dabei nichts über den Rand hüpfen. Die spezielle Antihaft-Beschichtung ermöglicht fettarmes Garen – genau das richtige, um im Handumdrehen ein pfannengerührtes Asia-Gericht auf den Tisch zu zaubern. Auch für Bratkartoffeln oder Gemüse-Pasta prima geeignet.

5 Die runde Backform

Was immer Du gebacken haben willst, eine runde Form (26 cm Ø) mit hohem Rand macht alles möglich: Auflauf, Gratin, Quiche, Pizza, Tarte oder Obstkuchen – vor allem eine Metallform entpuppt sich als Multitalent. Dank der kratzfesten Oberfläche bleibt nichts kleben. Ofenschätze können direkt vom Blech serviert werden. Weiterer Pluspunkt: Der Eisenkern speichert und verteilt die Hitze besonders gut. Das spart Energie.

Scharfe Typen und
kleine Spießer

1 Das Messer

Es muss kein superteures Profimesser sein, aber auf eine mittlere Qualität solltest Du beim Kauf schon achten. Es macht nämlich keinen Spaß, wenn Dein Messer schnell stumpf wird und sich auch nicht nachschleifen lässt. Zwei scharfe Messer brauchst Du auf alle Fälle: ein kleines und ein großes. Das kleine handliche Messer dient dazu, Gemüse zu putzen. Optimal, wenn es eine 10–12 cm lange, spitz zulaufende Klinge besitzt. Doppelt so lang sollte die Schneide Deines großen Küchenmessers sein. Dann ist es ideal zum Wiegen, Hacken und Schneiden.

2 Die Vierkantreibe

Von der kannst Du Dir eine Scheibe abschneiden! Der stabile Klassiker mit superscharfen Reibflächen aus rostfreiem Edelstahl bekommt alles kurz und klein. Ein echtes Multitalent – ideal zum Reiben von Käse, Möhren, Kartoffeln und anderem Gemüse, für Scheiben, Stifte, grobe oder feine Raspel. Wer auf Nummer sicher gehen will, schafft sich zusätzlich noch einen Handschutz an.

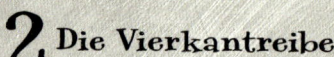

3 Der Sparschäler

Einfach klasse! Die Pendelklinge ist alt-
bewährt und für Rechts- und Linkshänder
geeignet. Ruck, zuck ist die Schale von
Gurken, Spargel, Möhren und Kartoffeln
oder auch Zitronen ab – und das hauch-
dünn! Auch das Preis-Leistungs-Verhält-
nis begeistert: Nur rund 2 Euro kostet ein
knollentauglicher Schäler.

4 Die feine Reibe

Scharf, schärfer, am schärfsten: Die Reibe
nach dem Vorbild einer Holzfeile ist Kult.
Mit ihren winzigen Schneidezähnen raspelt
sie nicht nur Zitronen- und Orangenschale
in hauchzarte Zesten, sondern schafft es
auch, ganz harte Brocken wie Parmesan,
Schokolade oder Ingwer fein zu reiben. Der
weiche Griff liegt gut in der Hand, und sie
lässt sich auch leicht reinigen.

5 Der Pürierstab

Suppen und Saucen ganz bequem im Topf
pürieren? Mit dem Pürierstab gelingt das in
Sekundenschnelle. Je nach Hersteller ist er
mit drei oder vier Messern ausgestattet,
hackt, zerkleinert oder püriert damit Obst
und Gemüse kraftvoll und mit bestem
Ergebnis. Auch kleinere Mengen Kräuter,
Nüsse oder Käse »knackt« er ohne
Probleme. Mit einem Schneebesen als
Zubehörteil lässt sich auch noch Sahne
oder Eiweiß locker steif schlagen.

(Eiweiß-)Stars
in der Veggie-Küche

1 Tofu

Sein hoher Gehalt an pflanzlichem Eiweiß macht ihn zum Kraftpaket für Vegetarier. Und zum Lieblingsobjekt für kreative Köche, denn der geschmacksneutrale »Quark« aus Sojabohnen lässt sich immer wieder neu verwandeln. Ob würzig, pikant, deftig oder süß – Naturtofu nimmt alle Aromen gern auf. Wer Experimente scheut, greift zu geräucherten oder bereits gewürzten Tofusorten. In jedem Fall lässt sich Naturtofu mit seiner festen Struktur gut braten, panieren oder auch schmoren. Zarter Seidentofu dagegen eignet sich püriert als Basis für Aufstriche, Saucen oder Desserts.

2 Tempeh

Dafür werden Sojabohnen geschält, gekocht, mit edlen Schimmelpilzen geimpft und in Folie ausgereift. Das eiweißreiche und cholesterinfreie »Brot« bekommst Du in Bioläden, Reformhäusern und asiatischen Supermärkten. Es ist ein guter Fleischersatz und eine würzige Alternative zu Tofu. Du kannst Tempeh braten, frittieren oder kochen.

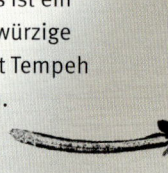

3 Sojasauce

Die klassische japanische Shoyu aus vergorenen Sojabohnen, Weizenkörnern und Salz dient als Dip und zum Marinieren und Würzen von Pfannengerichten. Kräftiger im Geschmack und ideal für Schmorgerichte ist die nur aus Sojabohnen hergestellte Tamari – die chinesische Version der salzig-würzigen Sauce.

5 Miso

Basis für die japanische Gewürzpaste sind vergorene Sojabohnen, Reis, Gerste und/oder Buchweizen, mal pur, mal gemischt und immer mit Salz. So zubereitet verleihen Sojabohnen Brühen, Suppen und Gemüse Würze. Wegen ihrer nahrhaften Inhaltsstoffe gilt die braune Paste im Fernen Osten als Lebenselixier. Dosiere Miso vorsichtig! Die Paste kann Salz ersetzen. Je dunkler sie ist, desto kräftiger ihr Aroma. Du bekommst Miso in Bio- und Asienläden.

4 Sojacreme

Der cremige Mix aus pflanzlichen Zutaten heißt meistens »Sojasahne« und ist eine vegane und kalorienarme Alternative zu Sahne aus Kuhmilch, der sie sehr ähnelt. Und so wird Sojacreme dort verwendet, wo sonst Sahne zum Einsatz kommt, vor allem beim Verfeinern und Binden von Suppen, Saucen und Desserts. Sie lässt sich aber nicht steif schlagen.

Kleine, feine
Kraftpakete

1 Berglinsen

Klein und kugelig sind die Linsen dieser rotbraunen Sorte. Einweichen? Nicht nötig! Sie kochen in 20–30 Minuten gar und bleiben schön knackig. Du kannst damit tolle Salate zaubern und auch aromatische Suppen, Eintöpfe, Bratlinge oder Gemüsegerichte. Geschält werden Berglinsen als rote Linsen verkauft.

2 Bulgur

Der Name steht nicht für eine Getreideart, sondern für einen vorbehandelten Grieß aus Hartweizen. Die Körner werden vorgegart, getrocknet und geschrotet – so bleiben viele Vitamine und Mineralstoffe im Korn erhalten. In der orientalischen Küche gehört Bulgur zur Basisnahrung, bei uns ist er eine beliebte Alternative zum Reis. Seine Zubereitung ist kinderleicht – Bulgur wird wie Reis gegart, eignet sich bestens für die schnelle Küche.

4 Seitan

In Asien wird diese Fleischalternative aus Weizen seit mehr als einem Jahrtausend als pflanzliche Eiweißquelle genutzt, bei uns findest Du Seitan erst seit wenigen Jahren in Bioladen und Reformhaus. Dahinter steckt Klebereiweiß (Gluten), das mit Sojasauce, Algen und Ingwer gekocht wird. Seitan schmeckt gebraten, frittiert und geschmort, auch als »Hackfleisch«.

3 Kichererbsen

Die gelblichen Hülsenfrüchte aus dem Mittleren Osten liefern mehr Eiweiß als manche Fleischsorte und protzen mit hohem Eisen- und Kalziumgehalt. Ob getrocknet oder aus der Dose – Kichererbsen haben sich längst einen festen Platz in der Veggie-Küche erobert. Sie schmecken in Suppen, Eintöpfen, als Salat, Aufstrich oder Dip.

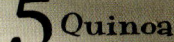

5 Quinoa

Jedes Körnchen ist bis zum Rand mit wertvollen Nährstoffen vollgepackt. Schon vor mehr als 5000 Jahren diente das »Pseudogetreide« den Andenbewohnern als Nahrungsmittel, bei uns führte es lange Zeit ein Schattendasein. Sterneköche entdeckten als erste, wie gut Quinoa (sprich: Ki-no-ah) im Salat oder Auflauf, als »Risotto«, Bratling oder Pfannkuchen schmeckt. Kleines Manko: In der Schale stecken bittere Saponine. Deshalb Quinoa vorm Zubereiten immer zuerst heiß abspülen.

Gebratener Tofu auf Salat

Fleischersatz mit viel Aroma!

Zubereitungszeit: **ca. 35 Min.**
Marinierzeit: **12 Std. (oder über Nacht)**
Pro Portion: **ca. 420 kcal**

Für 2 Personen
4 EL Sojasauce
4 EL Limettensaft
2 TL dunkles Sesamöl*
Pfeffer
1 rote Chilischote
300 g Natur-Tofu
1 kleine Salatgurke (ca. 300 g)
½ reife Mango (ca. 200 g; ohne Stein)
1 Frühlingszwiebel
Salz
8 Stängel Koriandergrün
2–3 EL Öl

Chilikerne entfernen – sie sind höllisch scharf!

* Das kräftige und intensiv nussige Öl aus gerösteten Sesamsamen wird meist nur als Würzöl eingesetzt.

1 Zunächst nur den Tofu und Gewürze für die Marinade bereitlegen – am nächsten Tag geht's mit den Salatzutaten weiter.

2 Sojasauce, 2 EL Limettensaft, Sesamöl und Pfeffer verrühren. Chili längs halbieren, entkernen, würfeln und untermischen.

Tofu abtropfen lassen und mit Küchenpapier etwas ausdrücken, dann in dickere Streifen (ca. 1 x 6 cm) schneiden und in eine flache Form legen. Mit der Marinade beträufeln und mit Folie abgedeckt 12 Std., am besten über Nacht, im Kühlschrank marinieren.

3

Am nächsten Tag Gurke schälen, längs halbieren und entkernen. Mango schälen. Beide würfeln. Frühlingszwiebel putzen, in dünne Scheiben schneiden. Alles mischen und mit übrigem Limettensaft, Salz und Pfeffer würzen. Koriander hacken und unterheben.

4

5

Den Tofu aus der Marinade heben und kurz abtropfen lassen. Zwischen zwei Lagen Küchenpapier trocken tupfen. In einer beschichteten Pfanne das Öl erhitzen, Tofu darin 5–8 Min. bei mittlerer bis starker Hitze von allen Seiten goldbraun braten, evtl. nachsalzen.

6

Übrige Marinade bringt den ultimativen Würz-Kick.

Tofu aus der Pfanne nehmen und auf dem Salat anrichten. Marinade in die Pfanne gießen, kurz einkochen lassen, dann über den Tofu träufeln. Salat sofort servieren.

Tofu?
Der macht vieles möglich!

DIE BASICS FÜR BRAT-TOFU

* **Tofu:** Er ist so gut wie sein Koch, tankt alle Wunscharomen beim Marinieren auf, bevor er in der Pfanne groß rauskommt. Achte beim Einkauf darauf, dass der Tofu schön fest ist. So übersteht er scharfes Anbraten unbeschadet. Nur Bio-Tofu ist garantiert gentechnikfrei. Viele ökologische Betriebe in Europa haben sich auf seine Herstellung spezialisiert, importieren die Sojabohnen dafür aus Bio-Anbau in Frankreich, Italien, Österreich und Deutschland.
* **Marinade:** Ganz schnell marinierst Du Tofu mit Tamari. Diese dunkle Sojasauce verpasst ihm kräftiges Aroma und Farbe. Sie wird nach dem chinesischen Original nur aus Sojabohnen, Wasser und Meersalz hergestellt – ohne Weizen, ohne künstliche Zusätze und Farbstoffe.

AHA! EIN PAAR TOFU-TIPPS:

* **Tofu einfrieren?** Das geht, ist aber nicht ideal. Durch Kälteschlaf ändert er seine Struktur und wird nach dem Auftauen leicht bröckelig und weich. Aufgetauten Tofu vor der Zubereitung mit Küchenpapier leicht auspressen.
* **Immer schön cool …** Tofu grundsätzlich im Kühlschrank aufbewahren. Dort hält er sich ungeöffnet ca. 4 Wochen. Tofu-Reste kannst Du in einem Gefäß mit Wasser bedeckt bis zu 1 Woche kühl lagern – das Wasser am besten alle 2 Tage wechseln.
* **Gut Ding braucht Weile!** Je länger Tofu in einer Würzmarinade badet, desto intensiver sein Geschmack.

NEUE KLEINE »TOFUREI« …

* *Mediterrane Variante: Tofu-Gemüse-Spieße*
Für 2 Personen: **200 g Natur-Tofu** trocken tupfen und ca. 2 cm groß
würfeln. Je **1 EL gehackten Rosmarin** und **Majoran** mit **4 EL Olivenöl**,
Salz und **Pfeffer** verrühren. Den Tofu untermischen und ca. 1 Std.
marinieren. Inzwischen **1 gelbe Paprikaschote** vierteln und putzen.
Samen und Trennwände entfernen. Paprikaviertel waschen und in
ca. 2 cm große Stücke schneiden. **3 kleine Zwiebeln** schälen und
vierteln. **100 g Zucchini** waschen und in Scheiben schneiden. Tofu
und Gemüse abwechselnd auf sechs Spieße ziehen. Übrige Marinade in einer großen Pfanne erhitzen, Spieße darin bei mittlerer Hitze
10–12 Min. von allen Seiten braten. Schmeckt mit Aïoli und Baguette.

Für mehr
Aroma: Brat-Tofu
noch mal mit
Marinade
beträufeln!

AAAAAAAAAH - HILFE!

* **Der Tofu riecht unangenehm!**
Weg damit! Dann ist er nicht mehr in Ordnung und
gehört in die Biotonne. Frischer Tofu riecht so, wie
er schmeckt: neutral!
* **Beim Anbraten spritzt das Fett in der Pfanne!**
Sofort Hitze runterdrehen oder einen Spritzschutz
auflegen. Und beim nächsten Mal? Tofu vorher
gut abtropfen lassen und zwischen zwei Lagen
Küchenpapier leicht pressen.
* **Der Tofu zerfällt beim Braten!**
Genau auf die Packung gucken: Ist es Seidentofu?
Der eignet sich nicht zum Braten, weil er weich ist
und mehr Flüssigkeit enthält.

Polenta-Schnitten

Hier geht's um den heißen Brei …

Zubereitungszeit: ca. 15–20 Min.
Pro Portion: ca. 340 kcal

Für 2 Personen
1 ½ TL Salz
125 g Polenta (feiner Maisgrieß)*
2 EL geriebener italienischer Hartkäse
2 TL Butter
Pfeffer
frisch geriebene Muskatnuss
1 EL Olivenöl

1

Während des Kochens bleibt wenig Zeit: Stell' alles, was Du brauchst, vorbereitet neben den Herd – dann geht's los!

Beim Einrühren eine Schürze tragen – es kann spritzen!

2

500 ml Wasser und das Salz aufkochen. Den Maisgrieß einrieseln lassen, dabei mit dem Holzlöffel fleißig rühren.

*Unbedingt auf die Packung gucken! Je nach Körnigkeit braucht der Grieß mal mehr, mal weniger Wasser zum Quellen. Auch die Zeit kann variieren.

Nun alles aufkochen, dabei weiterhin rühren. Der Polenta-Brei soll einmal aufwallen. Dann die Hitze zurückschalten. Polenta zugedeckt nach Packungsangabe in 5–15 Min. ausquellen lassen.

5

... ein Küchenbrett mit kaltem Wasser abspülen. Die fertige Polenta daraufgeben und mit einem großen, breiten Messer ca. 1,5 cm hoch glattstreichen. Polenta 30 Min. abkühlen und fest werden lassen, dann in gleichmäßige Rauten (ca. 5 x 5 cm) schneiden.

3

Zum Schluss den geriebenen Käse mit der Butter unter die Polenta-Masse heben. Den fertigen Polenta-Brei mit Salz, Pfeffer und Muskatnuss würzen, abschmecken und gleich so essen oder ...

Dazu passt wunderbar Tomatensauce und Salat!

4

6

In einer beschichteten Pfanne das Öl erhitzen. Die Polenta-Rauten darin bei mittlerer Hitze von jeder Seite in 2–3 Min. knusprig und goldbraun braten, dann pfeffern.

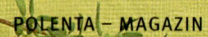

Polenta?
Wunderbar wandelbar!

DIE POLENTA-BASICS

* **Maisgrieß:** Den gibt's grobkörnig, mittelfein oder fein gemahlen. Grundsätzlich gilt: Je gröber der Grieß, desto mehr Flüssigkeit braucht er und desto länger muss er gerührt werden. Doch keine Angst, die traditionelle Langrühr-Methode von mindestens 1 Std. ist nicht mehr en vogue. Man lässt den Basic-Brei heute kürzer quellen (Grundrezept S. 16/17) und behilft sich mit feinem, vorgegartem Maisgrieß aus dem Supermarkt. So gelingt Polenta in weniger als 20 Minuten.
* **Flüssigkeit:** Statt Wasser darf es für die Polenta auch Gemüsebrühe sein – dann schmeckt sie würziger. Oder wird noch cremiger, wenn Du halb Milch, halb Wasser oder Brühe nimmst. Auch gut und säuerlich-pikant: die Polenta mit Buttermilch kochen.

SUPER! ZWEI POLENTA-GELINGTIPPS:

* In einem hohen Topf mit dickem Sandwichboden, der die Wärme gut leitet, gelingt Polenta am besten. So kann von dem Brei nichts über den Rand spritzen, und darin brennt er auch nicht so leicht an.
* Klümpchen? Nein danke! So vermeidest Du sie: Die Anleitung genau befolgen und genügend Wasser oder Brühe sprudelnd aufkochen, dann rasch die gesamte Menge Polenta mit dem Holzlöffel einrühren. Nimmst Du zu wenig Flüssigkeit, so bilden sich die unerwünschten Klümpchen, die sich nur schwer wieder auflösen lassen.

BEI POLENTA GEHT NOCH MEHR!

* *Italo-Variante: Gratinierte Polenta*
  Für 2 Personen: Wie im Grundrezept (S. 16/17) beschrieben **500 ml Salzwasser** aufkochen. **150 g Polenta-Grieß** einrieseln und unter Rühren einmal aufwallen lassen, dann die Hitze auf kleinste Stufe herunterschalten und die Polenta zugedeckt bei schwacher Hitze nach Packungsangabe in 5–15 Min. ausquellen lassen. Inzwischen **2 in Öl eingelegte, getrocknete Tomaten** fein hacken. **1 EL frisch gehackten Rosmarin** in **1 EL Olivenöl** kurz anbraten. Beides unter den fertigen Polenta-Brei rühren, die Masse mit **Salz und Pfeffer** würzen und ca. 1,5 cm hoch auf ein geöltes Blech streichen. 30 Min. abkühlen und fest werden lassen. Dann mit einem runden Ausstecher Taler (6–8 cm Ø) ausstechen und dachziegelartig in eine geölte Form schichten. Alles mit **2 EL geriebenem italienischem Hartkäse** bestreuen. Im vorgeheizten Ofen (unten) bei 220° 15–20 Min. überbacken. Das Gratin schmeckt mit Tomatensauce und Salat.

Topf runter vom Herd, wenn Polenta beim Einrühren »explodiert«!

HILFE! WAS MACHE ICH, WENN….

* **… die Polenta zu fest geworden ist?**
  Einfach mehr Flüssigkeit zugeben und unterrühren. Sie muss allerdings kochendheiß sein, damit der Kochvorgang nicht unterbrochen wird.
* **… die Polenta zu weich ist?**
  Abwarten! Fertige Polenta noch 5–10 Min. ruhen lassen. Sie wird erst am Ende der Garzeit cremig-fest.
* **… wenn der Maisbrei beim Aufstreichen pappt?**
  Messer oder Löffel immer wieder in kaltes Wasser tauchen – so bleibt nichts kleben.

STARTER UND SNACKS

Radieschen-Carpaccio mit Ricottanocken

erfrischend leicht und unkompliziert

Zubereitungszeit: **ca. 30 Min.**
Pro Portion: **ca. 390 kcal**

Für 2 Personen
150 g Ricotta
1 Bund Radieschen *
1 EL kleine Kapern
2 Frühlingszwiebeln
1 Bio-Zitrone
Salz | Pfeffer | 1 Prise Zucker
4–5 EL Olivenöl
½ Bund Schnittlauch

* Ab Mai gibt's Radieschen aus Freilandanbau. Sie wachsen langsamer als Treibhausknöllchen, bilden deshalb mehr Senföle, die für den scharfen, rettichähnlichen Geschmack verantwortlich sind.

1. Ricotta in einem Sieb über einer Schüssel abtropfen lassen. Von den Radieschen die Blätter, Wurzeln und Stiele abschneiden. Radieschen waschen und in hauchdünne Scheiben schneiden oder auf der Rohkostreibe hobeln. Kapern in einem Sieb abtropfen lassen. Die Frühlingszwiebeln waschen und putzen, das dunkle Grün entfernen, weiße und hellgrüne Teile in dünne Scheiben schneiden.

2. Die Zitrone heiß waschen und abtrocknen, 1 TL Schale fein abreiben und 3 EL Saft auspressen. Saft und Schale mit Salz, Pfeffer und Zucker in eine kleine Schüssel geben und mit einem Schneebesen verquirlen.

3. Das Olivenöl nach und nach dazugießen und unterschlagen, bis eine cremige Sauce entstanden ist. Die Radieschen, Frühlingszwiebeln und Kapern dazugeben, in der Vinaigrette wenden und ca. 10 Min. darin marinieren.

4. Inzwischen den Schnittlauch waschen, trocken schütteln und in feine Röllchen schneiden. 1 EL davon mit dem Ricotta verrühren. Ricotta salzen und pfeffern.

5. Radieschen-Mischung mit der Vinaigrette auf zwei großen Tellern verteilen. Mit zwei angefeuchteten Teelöffeln von der Ricottamasse Nocken abstechen und auf den Radieschen anrichten. Übrigen Schnittlauch daraufstreuen. Dazu schmeckt getoastetes Kastenweißbrot.

Frisch-frecher
Auftakt fürs
Sommermenü.

Papaya-Mozzarella mit scharfer Vinaigrette

italienischer Klassiker mal feurig-exotisch

Zubereitungszeit: **ca. 25 Min.**
Pro Portion: **ca. 580 kcal**

Für 2 Personen
1 reife Papaya (ca. 350 g)
250 g Büffel-Mozzarella
4 EL Limettensaft
2 EL Orangensaft
1 TL flüssiger Honig
Salz | Pfeffer
4 EL Olivenöl
1 rote Chilischote
2 Stängel Basilikum

Warum und wieso ...

... wird das Öl erst zum Schluss unter die Sauce gerührt? Verrührt man zuerst die Säure – z. B. Essig oder wie hier den Limetten- und Orangensaft – mit Salz, Pfeffer und Gewürzen, schließt sie das Aroma auf und die Salzkristalle lösen sich. Gibt man dagegen erst das Öl und dann die Säure dazu oder beides gleichzeitig, umschließt das Öl die Gewürze, und sie können ihr Aroma nicht mehr entfalten.

1. Die Papaya mit einem kleinen Küchenmesser oder dem Sparschäler wie einen Apfel dünn schälen. Dann die Frucht längs halbieren und die schwarzen Kerne mit einem Teelöffel herausschaben. Die Apfelhälften quer halbieren und in knapp ½ cm breite Scheiben schneiden. Den Mozzarella in einem Sieb kurz abtropfen lassen, dann in ca. 1 cm dicke Scheiben schneiden.

2. Den Limetten- und Orangensaft mit dem Honig, Salz und Pfeffer in eine kleine Schüssel geben und mit einem Schneebesen verquirlen. Das Olivenöl nach und nach unterschlagen (siehe Info), bis eine cremige Sauce entstanden ist.

3. Die Chili waschen, putzen und längs aufschneiden. Die Kerne herausschaben, die Chilihälften winzig klein würfeln (danach Hände waschen!) und unter die Salatsauce rühren.

4. Die Papaya- und Mozzarellascheiben abwechselnd auf einer großen Platte anrichten. Das Chili-Dressing darüberträufeln. Basilikum waschen und trocken schütteln. Blätter abzupfen und obendrauf streuen. Dazu schmeckt Baguette.

Mit echtem
Büffelmozzarella
wird der
fruchtigscharfe
Snack zum
Sommertraum.

Ingwer-Chili-Möhren auf Rucola

mit karamellisiertem Rosmarin für veganen Genuss

Zubereitungszeit: **ca. 30 Min.**
Pro Portion: **ca. 270 kcal**

Für 2 Personen
½ Bund junge Möhren (ca. 350 g)
80 g Rucola
1 Stück frischer Ingwer (ca. 1 cm)
1 Knoblauchzehe
1 frische rote Chilischote
1 Zweig Rosmarin
1 Bio-Orange
1 EL Olivenöl | Salz
Pfeffer | 2 EL Zucker
100 g Mandel-Sesam-Tofu (Reformhaus)
Außerdem:
Backpapier

1. Von den Möhren das Grün abschneiden, Möhren schälen und längs halbieren. Rucola waschen, trocken schleudern und die groben Stiele abschneiden. Ingwer und Knoblauch schälen und fein würfeln. Chili waschen, putzen und längs aufschneiden. Die Kerne herausschaben, Chilihälften klein würfeln (danach Hände waschen!). Rosmarin waschen, die Nadeln abstreifen und hacken. Orange heiß waschen und abtrocknen, 1 TL Schale fein abreiben, den Saft auspressen.

2. Das Öl in einer beschichteten Pfanne erhitzen. Knoblauch, Ingwer und Chili darin ca. 1 Min. bei mittlerer Hitze unter Rühren anbraten. Möhren, Orangensaft und -schale dazugeben. Die Möhren zugedeckt bei mittlerer Hitze in ca. 10 Min. bissfest dünsten, dabei ab und zu die Pfanne rütteln. Möhren mit Salz und Pfeffer würzen.

3. Inzwischen den Zucker in die Mitte eines kleinen Topfes häufen und langsam erhitzen, bis er schmilzt und goldbraun karamellisiert, dabei nicht rühren. Vorsicht, der geschmolzene Zucker wird sehr heiß! Die Rosmarinnadeln dazugeben und in dem Karamell mit einem Löffel wenden, bis sie rundherum damit überzogen sind. Topf vom Herd nehmen, den Rosmarin-Karamell auf ein Stück Backpapier geben und darauf abkühlen lassen.

4. Den Rucola auf zwei Teller verteilen. Die Möhren daraufgeben und mit dem Sud beträufeln. Den Mandel-Tofu in Scheiben schneiden und dazu anrichten. Alles mit dem Rosmarin-Karamell bestreuen und sofort servieren.

Ingwer, Knoblauch und Chili heizen den Möhren ein!

Kürbis-Tabouleh mit Harissa

Zubereitungszeit: **ca. 30 Min.**
Abkühlzeit: **ca. 1 Std.**
Pro Portion: **ca. 345 kcal**

Für 2 Personen
250 g Muskat- oder Butternusskürbis
1 rote Paprikaschote
2 ½ EL Olivenöl
60 g Bulgur
150 ml Gemüsebrühe (Instant)
2–3 TL Harissa (Tube)
2 Frühlingszwiebeln
½ Bund Koriandergrün
2 Stängel Minze
3 EL Zitronensaft
2 TL Tomatenmark
Salz
100 g Sahnejoghurt
Pfeffer

1. Den Kürbis schälen, entkernen und in Spalten, dann in ca. 1 cm große Würfel schneiden. Die Paprikaschote vierteln und putzen. Samen und Trennwände entfernen. Paprikaviertel waschen und ebenfalls in kleine Würfel schneiden.

2. In einem Topf 1 EL Olivenöl erhitzen, Kürbis- und Paprikawürfel darin bei mittlerer Hitze 1–2 Min. anbraten. Bulgur dazugeben und die Brühe dazugießen.

3. 2 TL Harissa einrühren. Alles aufkochen und die Bulgur-Mischung zugedeckt bei schwacher Hitze ca. 10 Min. garen, dann offen ausdampfen lassen.

4. Inzwischen die Frühlingszwiebeln waschen und putzen, das dunkle Grün entfernen, weiße und hellgrüne Teile in dünne Scheiben schneiden. Das Koriandergrün und die Minze waschen und trocken schütteln, die Blätter abzupfen und fein hacken.

5. In einer großen Schüssel Zitronensaft, Tomatenmark und etwas Salz mit einem Schneebesen verquirlen. Dann das übrige Öl nach und nach unterrühren, bis eine cremige Sauce entstanden ist.

6. Die Bulgurmischung mit einer Gabel auflockern und mit den Frühlingszwiebeln und Kräutern in die Schüssel zur Sauce geben. Alles gründlich vermengen und mit Salz und Harissa abschmecken. Den Salat ca. 1 Std. abkühlen lassen.

7. Den Joghurt mit 1 EL Wasser cremig rühren, salzen und pfeffern. Den Joghurtdip mit dem Salat servieren.

Griechischer Fladenbrotsalat

extraleichter Sattmacher für heiße Tage

Zubereitungszeit: **ca. 30 Min.**
Pro Portion (bei 3): **ca. 490 kcal**

Für 2–3 Personen
150 g Fladenbrot
1 Knoblauchzehe
6 EL Olivenöl
3–4 Tomaten (ca. 250 g)
½ Bio-Salatgurke (ca. 175 g)
1 kleine rote Zwiebel
2 eingelegte Peperoni (Glas)
½ Bund Petersilie
2 EL Weißweinessig
Salz | Pfeffer
½ TL flüssiger Honig
100 g Halloumi-Grillkäse *
30 g schwarze Oliven
½ Bio-Zitrone
Außerdem:
Backpapier

* Der nicht schmelzende Käse aus Schafs-, Ziegen- und Kuhmilch kommt aus Zypern und wird bei uns in Salzlake vakuumverpackt angeboten. Falls Du ihn nicht findest, nimm einfach Fetakäse.

1. Den Backofen auf 200° vorheizen. Das Fladenbrot 2 cm groß würfeln und auf ein mit Backpapier belegtes Blech legen. Knoblauch schälen und fein würfeln.

2. Den Knoblauch mit 2 EL Olivenöl verrühren. Die Brotwürfel auf dem Blech damit beträufeln und im heißen Backofen (Mitte) in 5–8 Min. goldbraun rösten.

3. Inzwischen die Tomaten waschen, vom Stielansatz befreien, halbieren und in Scheiben schneiden. Die Gurke waschen, abtrocknen, die Schale mit einem Sparschäler in Streifen abziehen, dabei jeweils etwas Schale an der Gurke lassen. Gurke in dünne Scheiben schneiden. Die Zwiebel schälen, halbieren und in feine Streifen schneiden.

4. Brotwürfel, Tomaten und Gurke auf zwei Tellern anrichten. Die Peperoni in feine Ringe schneiden. Die Petersilie waschen und trocken schütteln, Blätter abzupfen, hacken und mit Peperoni und Zwiebelstreifen über den Salat streuen.

5. Essig, Salz, Pfeffer und Honig mit dem Schneebesen verquirlen, dann das übrige Olivenöl nach und nach unterschlagen. Die Sauce gleichmäßig über den Salat träufeln. Den Halloumi quer halbieren, in dünne Scheiben schneiden und mit den Oliven auf dem Salat verteilen. Die Zitronenhälfte heiß waschen, abtrocknen, in Spalten schneiden und zu dem Salat reichen.

Gabel für Gabel dem Sommer ein Stück näher!

Spinatklößchen mit Tomatensalat

genial als leichter Sommersnack

Zubereitungszeit: **ca. 55 Min.**
Pro Portion (bei 3): **ca. 375 kcal**

Für 2–3 Personen
Für die Klößchen:
100 g junger Blattspinat | Salz
150 g Magerquark
2 Scheiben Toastbrot
1 kleine Knoblauchzehe
1 EL weiche Butter
1 Msp. abgeriebene Bio-Zitronenschale
100 g Ziegenfrischkäse | Pfeffer
Für den Tomatensalat:
500 g Tomaten
2 Schalotten
½ Bund Petersilie
2 EL Weißweinessig | Salz
Pfeffer | ½ TL Zucker
5 EL Olivenöl
Außerdem:
Küchentuch

1. Spinat waschen, abtropfen lassen und verlesen, grobe Stiele abschneiden. Wasser in einem Topf aufkochen und salzen. Spinat ins kochende Salzwasser geben, nach ca. 15 Sek. in ein Sieb abgießen, eiskalt abschrecken und abtropfen lassen. Mit einem Löffel ausdrücken und hacken.

2. Quark in einem Küchentuch ausdrücken. Toast entrinden und zu Bröseln hacken. Knoblauch schälen und fein würfeln. Butter mit Zitronenschale, Salz und Pfeffer mit den Schneebesen des Handrührgeräts cremig rühren. Quark, Ziegenkäse, Spinat, Knoblauch und die Toastbrösel dazugeben. Alles zu einer glatten Masse verrühren, salzen und pfeffern. Mit angefeuchteten Händen kleine Kugeln aus der Masse formen. Die Kugeln zugedeckt ca. 30 Min. kalt stellen.

3. Inzwischen für den Salat die Tomaten waschen, vom Stielansatz befreien, halbieren und grob würfeln. Schalotten schälen und fein würfeln. Petersilie waschen und trocken schütteln, Blätter abzupfen und bis auf einen kleinen Rest fein hacken. Essig, Salz, Pfeffer und Zucker mit einem Schneebesen verquirlen. Das Olivenöl nach und nach unterschlagen, bis eine cremige Sauce entstanden ist. Tomaten, Schalotten und Petersilie untermischen.

4. Den Tomatensalat mit den Spinatbällchen anrichten und die übrige Petersilie obendrauf streuen. Dazu passt frisches Baguette oder Fladenbrot.

Ofen-Spargel mit Ei-Vinaigrette

mit gebratenen Polenta-Würfeln zum Anbeißen

Zubereitungszeit: **ca. 45 Min.**
Kühlzeit: **ca. 30 Min.**
Pro Portion: **ca. 545 kcal**

Für 2 Personen
Salz
50 g Polenta (feiner Maisgrieß)
600 g grüner Spargel
7 EL Olivenöl
Pfeffer
2 Eier (Größe M)
2 Tomaten
2–3 EL weißer Aceto balsamico
1 TL Senf
½ Kästchen Kresse
Außerdem:
Backpapier

1. In einem kleinen Topf 150 ml Wasser aufkochen und salzen. Den Polenta-Grieß einrieseln und unter Rühren einmal aufwallen lassen, dann Hitze auf kleinste Stufe herunterschalten und die Polenta zugedeckt bei schwacher Hitze nach Packungsangabe in 5–15 Min. ausquellen lassen. Polenta-Masse auf ein kalt abgespültes Küchenbrett geben und mit einem breiten Messer ca. 1 cm dick ausstreichen. Die Polenta-Masse 30 Min. abkühlen lassen. Inzwischen den Backofen auf 200° vorheizen.

2. Den Spargel waschen, das untere Drittel mit einem Sparschäler schälen, die holzigen Enden abschneiden. Ein Backblech mit Backpapier auslegen, Spargel darauf ausbreiten. Mit 2 EL Olivenöl beträufeln und mit Salz und Pfeffer würzen. Im heißen Ofen (Mitte) 12–15 Min. rösten.

3. Inzwischen die Eier anpiksen und in 8–10 Min. hart kochen, dann kalt abschrecken und auskühlen lassen. Die Tomaten waschen, vom Stielansatz befreien und vierteln. Die Kerne mit einem Teelöffel herauskratzen, das Fruchtfleisch in kleine Würfel schneiden.

4. Balsamico-Essig, Senf, Salz und Pfeffer mit einem Schneebesen verquirlen, 4 EL Öl nach und unterrühren, bis eine cremige Sauce entstanden ist. Die Kresse vom Beet schneiden, die Hälfte davon mit den Tomatenwürfeln unterheben.

5. Polenta ca. 1 cm groß würfeln und in einer beschichteten Pfanne mit dem übrigen Öl bei mittlerer Hitze unter Wenden in ca. 5 Min. goldbraun braten. Den Spargel aus dem Ofen nehmen und mit der Tomaten-Vinaigrette anrichten. Die Eier pellen, klein würfeln und obendrauf streuen. Mit übriger Kresse und den Polenta-Würfeln servieren.

Gefüllte Champignons mit Polenta

Gefüllte Champignons mit Polenta

mediterraner Maisbrei fein in Schale

Zubereitungszeit: 45 Min.
Pro Portion: ca. 620 kcal

Für 2 Personen
8 große Champignons (je ca. 50 g)
1 Schalotte
1 Knoblauchzehe
15 g getrocknete, in Öl eingelegte Tomaten
5 EL Olivenöl (+ Öl für die Form)
Salz | Pfeffer
125 ml Milch
125 ml Gemüsefond oder -brühe
(Glas oder Instant)
50 g Polenta (feiner Maisgrieß)
40 g italienischer Hartkäse
100 g Feldsalat
100 g Kirschtomaten
3 EL weißer Aceto balsamico
Außerdem:
Auflaufform (ca. 25 x 35 cm)

1. Die Champignons putzen und evtl. anhaftende Sand- und Erdreste mit Küchenpapier abreiben. Stielenden großzügig abschneiden. Dann die Stiele herausbrechen und in kleine Würfel schneiden. Schalotte und Knoblauch schälen und fein würfeln. Die getrockneten Tomaten abtropfen lassen und fein hacken.

Warum und wieso...

... muss man eine Vinaigrette so kräftig schlagen? Weil sich Öl und Essig nicht gern verbinden! Gibt man einen Teil Essig und zwei Teile Öl in ein Glas mit Deckel, mischen sich beide nicht: Der Essig »steht« auf dem Öl. Schüttelt man das Glas kurz, bilden sich Öltröpfchen im Wasser bzw. Essig, die aber bald wieder verschwinden. Erst durch heftiges Schütteln oder kräftiges Schlagen mit dem Schneebesen entstehen viele Öl-in-Essig-Tröpfchen – eine sogenannte Emulsion. Die Vinaigrette wird milchig. Lässt man sie länger stehen, trennen sich Essig und Öl aber wieder. Tipp für Faule: Mit dem Quirlen des Handrührgeräts emulgiert die Vinaigrette super fix.

2. In einem Topf 1 EL Öl erhitzen. Die Pilzwürfel darin bei mittlerer Hitze in 2–3 Min. hellbraun anbraten, salzen und pfeffern. Schalotte und Knoblauch dazugeben und ca. 2 Min. mitbraten. Sie sollen dabei aber nicht bräunen. Die gehackten Tomaten kurz mitdünsten.

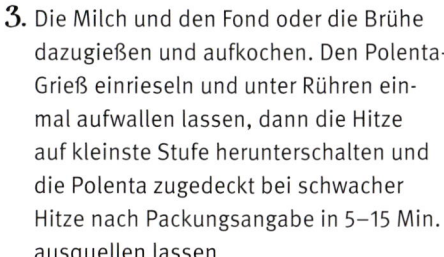

3. Die Milch und den Fond oder die Brühe dazugießen und aufkochen. Den Polenta-Grieß einrieseln und unter Rühren einmal aufwallen lassen, dann die Hitze auf kleinste Stufe herunterschalten und die Polenta zugedeckt bei schwacher Hitze nach Packungsangabe in 5–15 Min. ausquellen lassen.

4. Inzwischen den Backofen auf 200° vorheizen. Den Hartkäse fein reiben, 3 EL davon unter die heiße Polenta rühren, den Rest beiseite stellen. Polenta mit Salz und Pfeffer kräftig würzen.

5. Die Masse mit einem Teelöffel in die Champignonköpfe häufeln. Eine Auflaufform einfetten. Die gefüllten Pilze hineinsetzen und mit dem übrigen Hartkäse bestreuen. Im vorgeheizten Backofen (Mitte) 8–10 Min. überbacken, bis der Käse leicht gebräunt ist.

6. Inzwischen den Feldsalat gründlich waschen, trocken schleudern und putzen. Kirschtomaten waschen und vierteln.

7. Für die Vinaigrette den Aceto balsamico, Salz und Pfeffer mit einem Schneebesen verquirlen. Das übrige Öl nach und nach unterschlagen, bis eine cremige Sauce entstanden ist (siehe Info). Feldsalat und Tomaten auf zwei Teller verteilen, mit der Vinaigrette beträufeln. Die gebackenen Polenta-Champignons aus dem Ofen nehmen und auf dem Salat anrichten.

Meerrettich-Pancakes mit Rote-Bete-Salat

Dreamteam: Dezente Süße trifft feine Schärfe!

Zubereitungszeit: **ca. 35 Min.**
Pro Portion: **ca. 445 kcal**

Für 2 Personen
je 1 Ei und Eigelb (je Größe L)
Salz | 75 ml Buttermilch
1 EL geriebener Meerrettich (Glas)
2 gestrichene EL Speisestärke
3 TL Butterschmalz
300 g kleine gegarte Rote Beten (vakuumverpackt, Kühlregal)
1 kleiner roter Apfel
½ Bund Dill
½ Bio-Limette
1 EL Apfelessig | Pfeffer
1 TL flüssiger Honig
2–3 EL Olivenöl
2 EL Crème fraîche

1. Das Ei trennen. Das Eiweiß mit 1 Prise Salz steif schlagen. Beide Eigelbe mit der Buttermilch, Meerrettich und Speisestärke mit dem Schneebesen glatt rühren. Den Eischnee unterheben.

2. Den Backofen auf 80° vorheizen. In einer beschichteten Pfanne 1 TL Butterschmalz erhitzen. Pro Pancake je 1 EL Teig in die Pfanne geben und bei mittlerer Hitze ca. 3 Min. braten, bis die Unterseite goldbraun ist. Mit einem Pfannenwender umdrehen und von der anderen Seite weitere 3 Min. braten. Nacheinander im übrigen Schmalz auf die gleiche Art acht Pancakes backen. Auf einem Teller im Backofen bei 80° warmhalten.

3. Für den Salat die Roten Beten in dünne Scheiben schneiden. Den Apfel waschen und vierteln, dann das Kerngehäuse herausschneiden und die Viertel in kleine Würfel schneiden. Den Dill waschen und trocken schütteln, die Blättchen abzupfen und grob hacken.

4. Für die Vinaigrette die Limettenhälfte heiß waschen und abtrocknen, die Schale fein abreiben und den Saft auspressen. Limettensaft und -schale, Apfelessig, Salz, Pfeffer und Honig mit einem Schneebesen verquirlen. Das Öl nach und nach unterschlagen, bis eine cremige Sauce entstanden ist.

5. Rote Bete-Scheiben auf zwei Tellern auslegen, mit Apfelwürfeln bestreuen und mit der Vinaigrette beträufeln. Dill aufstreuen und Pancakes dazu anrichten. Mit je 1 EL Crème fraîche garnieren.

Chili-Kichererbsen-Bruschetta

orientalischer Anmacher mit italienischen Wurzeln

Zubereitungszeit: ca. 30 Min.
Pro Portion: **ca. 310 kcal**

Für 2 Personen
1 frische rote Chilischote*
2 kleine Knoblauchzehen
120 g Kichererbsen (Dose)
½ Bund Petersilie
2–3 EL Olivenöl
½ TL gemahlener Kreuzkümmel
2 EL Joghurt
1 EL Zitronensaft
Salz | Pfeffer
125 g Kirschtomaten
2 große Scheiben Bauernbrot

*Statt der frischen kannst Du auch 2 kleine getrocknete Chilischoten nehmen und mit den Fingern oder im Mörser fein zerbröseln.

1. Chili waschen, putzen und längs aufschneiden. Die Kerne herausschaben, Chilihälften klein würfeln (danach Hände waschen!). 1 Knoblauchzehe schälen und fein hacken. Die Kichererbsen in ein Sieb abgießen, abbrausen und gut abtropfen lassen. Die Petersilie waschen und trocken schütteln, Blätter abzupfen.

2. In einer Pfanne 1 EL Öl erhitzen. Chili, gehackten Knoblauch und Kreuzkümmel hineingeben und ca. 20 Sek. anbraten, bis der Kreuzkümmel zu brutzeln beginnt. Die Kichererbsen dazugeben und bei mittlerer Hitze 2–3 Min. unter Rühren dünsten. Vom Herd nehmen.

3. Die Mischung in ein hohes Gefäß geben. Den Joghurt, Zitronensaft und 1 EL Petersilienblätter zufügen und alles mit dem Pürierstab fein pürieren. Kichererbsenmus mit Salz und Pfeffer abschmecken und ca. 5 Min. abkühlen lassen. Die Kirschtomaten waschen und halbieren.

4. Eine Pfanne erhitzen. Die Brotscheiben halbieren und in der Pfanne bei mittlerer Hitze von beiden Seiten ca. 5 Min. leicht anrösten, zwischendurch wenden. Alternativ kannst Du das Brot auch toasten.

5. Die übrige Knoblauchzehe halbieren. Das warme Brot damit kräftig einreiben und mit dem übrigen Olivenöl beträufeln. Die Kichererbsenmasse daraufstreichen. Die Kirschtomaten obendrauf geben und mit den übrigen Petersilienblättern bestreuen. Bruschetta mit Pfeffer übermahlen und sofort servieren.

Vom Aufstrich
gleich mehr
mixen für den
Leckerhappen
zwischendurch –

AUS
PFANNE
UND
WOK

Polenta-Schmarren mit Pilzen

Zubereitungszeit: ca. 55 Min.
Pro Portion: ca. 750 kcal

Für 2 Personen
2 EL Pinienkerne
300 ml Milch
Salz | Pfeffer
1 TL getrockneter Thymian
150 g Polenta (feiner Maisgrieß)
15 g getrocknete Tomaten (ohne Öl)
2 Eier (Größe M)
250 g gemischte Pilze
(z. B. Champignons, Steinpilze)
150 g Kirschtomaten
½ Bund Petersilie
3 EL Olivenöl
1 EL Butter
30 g geriebener italienischer Hartkäse

1. Die Pinienkerne in einer Pfanne ohne Fett goldbraun rösten, vom Herd nehmen und abkühlen lassen. Inzwischen in einem Topf die Milch mit 200 ml Wasser, ½ TL Salz, Pfeffer und Thymian aufkochen. Den Polenta-Grieß einrieseln und unter Rühren einmal aufwallen lassen, dann Hitze auf kleinste Stufe herunterschalten und die Polenta zugedeckt bei schwacher Hitze nach Packungsangabe in 5–15 Min. ausquellen lassen. Die Polenta vom Herd nehmen.

2. Getrocknete Tomaten fein würfeln. Erst die Eier mit dem Schneebesen unter die Polenta rühren, dann 1 EL Pinienkerne und getrocknete Tomaten unterrühren. Polenta salzen, pfeffern und abkühlen.

3. Inzwischen die Pilze putzen, evtl. anhaftende Sand- und Erdreste mit Küchenpapier abreiben. Trockene Stielenden abschneiden. Champignons vierteln, Steinpilze in Stücke schneiden. Die Kirschtomaten waschen und halbieren. Petersilie waschen und trocken schütteln, Blätter abzupfen und grob hacken.

4. Den Backofen auf 80° vorheizen. 1 EL Olivenöl erhitzen, die Pilze darin ca. 3 Min. bei starker Hitze braten, bis die Flüssigkeit verdampft ist. Die Kirschtomaten ca. 2 Min. mitbraten. Petersilie untermischen. Pilzragout mit Salz und Pfeffer würzen, im Ofen (Mitte) warmhalten.

5. In einer beschichteten Pfanne übriges Öl und die Butter zerlassen. Polenta darin bei starker bis mittlerer Hitze ca. 10 Min. braten. Polenta mit einem Pfannenwender in grobe Stücke teilen und unter Wenden 5–7 Min. weiterbraten, bis die Polenta-Stücke goldbraun sind. Mit dem Pilzragout servieren, Hartkäse und übrige Pinienkerne daraufstreuen.

Asia-Pfannkuchen-Wrap

Asia-Pfannkuchen-Wrap

Zubereitungszeit: ca. 35 Min.
Kühlzeit: ca. 30 Min.
Pro Stück: **ca. 325 kcal**

Für 4 Stück
75 g Mehl
160 ml Milch | Salz
2 Eier (Größe M)
4–5 EL Öl
100 g Natur-Tempeh*
1 kleine rote Paprikaschote
2 schlanke Frühlingszwiebeln
80 g Zuckerschoten
50 g Mungobohnensprossen
1–2 EL Sojasauce
Pfeffer
2 EL Salatmayonnaise
2 EL Joghurt
1 EL Limettensaft
4 schöne Kopfsalatblätter
Außerdem
Frischhaltefolie

* Wer es würziger mag, kann geräucherten Tempeh nehmen.

1. Mehl und Milch in eine Schüssel geben und mit einem Schneebesen glattrühren. 1 Prise Salz und nacheinander die Eier sowie 1 EL Öl unterrühren. Den Teig ca. 15 Min. ruhen lassen.

2. Inzwischen für die Füllung den Tempeh in kleine Würfel schneiden. Die Paprikaschote vierteln und putzen. Samen und Trennwände entfernen. Paprikaviertel waschen und dann in sehr feine Streifen schneiden. Die Frühlingszwiebeln auch waschen und putzen, das dunkle Grün entfernen, weiße und hellgrüne Teile in ca. 2 cm lange Streifen schneiden. Die Zuckerschoten putzen, waschen und schräg in dünne Streifen schneiden. Die Sprossen in einem Sieb abbrausen und gut abtropfen lassen.

Warum und wieso …

… gelingen Pfannkuchen am besten in einer beschichteten Pfanne? Weil sie darin nicht ankleben! Beschichtete Pfannen sind meistens aus Eisen gegossen und z. B. mit Teflon überzogen, das für eine Anti-Haft-Wirkung sorgt. Durch diese spezielle Beschichtung vertragen sie keine extrem hohen Temperaturen. Zu starke Hitze schadet aber auch den Pfannkuchen: Sie bekommen dann schnell dunkle Punkte und verbrennen.

3. Eine beschichtete Pfanne (26 cm Ø; siehe Info) erhitzen und mit 1–2 TL Öl auspinseln. Mit einer Schöpfkelle etwas Teig in die Pfanne geben und sofort durch Schwenken verteilen. Teig bei mittlerer Hitze ca. 2 Min. backen. Wenn die Oberseite anfängt zu stocken und die Unterseite hellbraun ist, den Pfannkuchen mithilfe eines Pfannenwenders wenden und noch ca. 2 Min. weiterbacken. Nacheinander in je 1–2 TL Öl auf die gleiche Art noch drei dünne Pfannkuchen backen. Pfannkuchen auf einen Teller stapeln und auskühlen lassen.

4. Das übrige Öl (1 EL) in der Pfanne erhitzen, Tempeh, Paprika, Frühlingszwiebeln und Zuckerschoten darin bei starker Hitze unter Rühren 3–4 Min. anbraten. Die Sprossen untermischen, alles mit Sojasauce und Pfeffer würzen.

5. Die Mayonnaise mit dem Joghurt und Limettensaft verrühren, mit Salz und Pfeffer würzen. Salatblätter waschen und trocken tupfen. Zum Belegen je 1 Pfannkuchen mit 1 EL Joghurt-Creme bestreichen, dabei rundherum einen ca. 2 cm breiten Rand lassen. Je 1 Salatblatt darauflegen und ca. ¼ vom Tempeh-Mix darauf verteilen. Pfannkuchen aufrollen und in Folie wickeln. 30 Min. kalt stellen, dann schräg halbieren.

FRANZÖSISCHE VARIANTE: LAUCH-ROQUEFORT-CRÊPES

Für 2 Personen: **75 g Mehl** mit je **100 ml Milch und Wasser**, **1 Prise Salz** und **1 Ei** (Größe M) mit dem Schneebesen zu einem leicht flüssigen, glatten Teig verrühren und 15 Min. quellen lassen. Inzwischen **1 Stange Lauch** (ca. 300 g) putzen, längs einschneiden, gut waschen und in feine Ringe schneiden. **1 EL Butter** in einem Topf erhitzen, Lauch darin 2 Min. andünsten. Dann **100 ml Gemüsefond** (Glas) dazugießen und **1 TL gehackten Thymian** zufügen. Zugedeckt bei schwacher Hitze 5–6 Min. dünsten. **75 g Roquefort** zerbröckeln, mit **2–3 EL Sahne** unter den Lauch rühren. Alles mit **Salz, Pfeffer** und frisch geriebener **Muskatnuss** würzen. Eine beschichtete Pfanne erhitzen, mit **1–2 TL Öl** ausstreichen. Nacheinander wie links beschrieben vier dünne Crêpes backen, mit dem Lauchgemüse füllen und sofort servieren.

Kürbis-Tofu-Pfanne

Scharf-aromatischer Import aus Japan: vegan!

Zubereitungszeit: **ca. 45 Min.**
Pro Portion: **ca. 405 kcal**

Für 2 Personen
1 frische rote Chilischote
1 Knoblauchzehe
4 EL Teriyaki-Sauce (Asienregal)
2 EL Sojasauce
300 g Natur-Tofu
250 g Hokkaidokürbis
200 g junger Blattspinat
3 EL Öl
2 EL Limettensaft
100 ml Gemüsebrühe (Instant)
1 EL geschälte Sesamsamen

Warum und wieso…

… muss man Hokkaidokürbis nicht schälen? Anders als bei anderen Sorten ist die orangefarbene, manchmal auch dunkelgrüne Schale des schmackhaften Japaners so dünn, dass man sie ohne Bedenken mitessen kann. Den Kürbis dann aber vor dem Verzehr unter fließend warmem Wasser gründlich waschen. Kaufe am besten Hokkaido aus Bio-Anbau.

1. Chili waschen, putzen und längs aufschneiden. Die Kerne herausschaben, Chilihälften klein würfeln (danach Hände waschen!). Knoblauch schälen und fein hacken. Chili, Knoblauch, Teriyaki- und Sojasauce verrühren. Tofu trocken tupfen und in 1 ½ cm große Würfel schneiden. Die Tofuwürfel mit der Marinade vermischen und ca. 15 Min. marinieren.

2. Inzwischen die Kürbisschale warm waschen (siehe Info) und abtrocknen. Kürbis entkernen und ca. 1 cm groß würfeln. Spinat waschen, abtropfen lassen und verlesen, grobe Stiele abschneiden.

3. Den Tofu in einem Sieb abtropfen lassen, dabei die Marinade auffangen. Tofu trocken tupfen. In einer Pfanne 1 EL Öl erhitzen, den Tofu darin rundherum ca. 5 Min. unter Wenden braten, herausnehmen.

4. Das übrige Öl erhitzen, den Kürbis darin bei mittlerer Hitze unter Rühren 7–8 Min. braten, bis er goldbraun ist. Tofumarinade, Limettensaft und Brühe dazugießen. Spinat auf den Kürbis legen und zugedeckt ca. 2 Min. garen, bis er zusammengefallen ist. Den Tofu unter das Gemüse heben und kurz miterhitzen. Mit dem Sesam bestreut servieren. Dazu passt am besten Basmatireis.

Gebratener Spargel mit Quinoa

Weckt Frühlingsgefühle!

Zubereitungszeit: **ca. 45 Min.**
Pro Portion: **ca. 415 kcal**

Für 2 Personen
100 g Quinoa
Salz
500 g weißer Spargel
250 g grüner Spargel
2–3 Bärlauchblätter*
4 EL Olivenöl
Pfeffer
1–2 EL Zitronensaft
1 TL flüssiger Honig

*Bärlauch-Saison verpasst? Macht nichts! Im Austausch 1 fein gehackte Knoblauchzehe mit dem Spargel braten und zum Schluss 2 EL Schnittlauchröllchen drüberstreuen.

1. Den Quinoa in ein Sieb geben, heiß abbrausen und abtropfen lassen. Mit 200 ml Wasser in einem Topf aufkochen und salzen. Die Hitze herunterschalten und Quinoa zugedeckt bei schwacher Hitze ca. 10 Min. garen, dann die Hitze ganz ausschalten und den Quinoa auf der abgeschalteten Herdplatte noch 10–15 Min. ausquellen und offen ausdampfen lassen.

2. Inzwischen den Spargel waschen. Die weißen Stangen ganz, die grünen nur im unteren Drittel schälen. Von allen Spargelstangen die holzigen Enden abschneiden. Die Stangen schräg in dünne, 4–5 cm lange Stücke schneiden.

3. Die Bärlauchblätter waschen, trocken schütteln, die groben Stiele abschneiden, die Blätter in feine Streifen schneiden.

4. Das Öl in einer großen beschichteten Pfanne erhitzen. Die Spargelstücke hineingeben und unter gelegentlichem Rühren ca. 5 Min. braten.

5. Dann den gekochten Quinoa mit einer Gabel auflockern und zufügen, mit Salz würzen und mit dem Spargel vermischen. Unter Wenden alles noch ca. 4 Min. bei mittlerer Hitze weiterbraten, bis der Quinoa goldbraun und leicht knusprig ist.

6. Die Spargelpfanne mit Salz, Pfeffer, Zitronensaft und Honig abschmecken. Die Bärlauchstreifen vorsichtig unterheben und alles sofort servieren.

In Pfanne oder Wok wird Spargel ratz, fatz knackig und bissfest.

Kohlrabi-schnitzel mit Kerbelsauce

Kohlrabischnitzel mit Kerbelsauce

nicht nur für Vegetarier ein Festessen

Zubereitungszeit: **40 Min.**
Pro Portion (bei 3): **ca. 550 kcal**

Für 2–3 Personen
Für die Schnitzel:
2 kleine Kohlrabi (je ca. 300 g)
Salz | 50 g Mehl
80 g Semmelbrösel*
2 Eier (Größe M)
Pfeffer
4 EL Öl
1 EL Butter
Für die Sauce:
1 kleine Zwiebel
1 EL Butter
2 TL Mehl
75 ml Gemüsefond oder -brühe
(Glas oder Instant)
100 g Sahne
½ Bio-Zitrone
30 g Kerbel
Salz | Pfeffer
1 Prise Zucker

*Abwechslung gefällig? Bitte schön: Haferflocken, Cornflakes und Polenta-Grieß bieten sich auch zum Panieren an.

1. Den Kohlrabi putzen, dabei die zarten Blätter abschneiden, waschen und beiseite legen. Kohlrabi schälen und quer in ca. 1 cm dicke Scheiben schneiden. In einem Topf reichlich Wasser aufkochen, salzen und die Kohlrabischeiben darin zugedeckt bei mittlerer Hitze ca. 5 Min. vorgaren. Kohlrabi abgießen, mit kaltem Wasser abschrecken, gut abtropfen lassen und trocken tupfen.

2. Mehl und Semmelbrösel jeweils in einen tiefen Teller geben. Die Eier in einem dritten Teller mit Salz und Pfeffer verquirlen. Kohlrabischeiben in Mehl, dann in den Eiern und zuletzt in den Bröseln wenden. Die Brösel gut andrücken.

3. Den Backofen auf 80° vorheizen. In einer großen beschichteten Pfanne das Öl und die Butter stark erhitzen. Am besten einen Holzlöffel oder Pfannenwender ins heiße Fett halten. Wenn sich daran Bläschen bilden, hat das Fett genügend Hitze. Die Kohlrabischeiben im heißen Fett in zwei Portionen bei mittlerer Hitze von jeder Seite in 2–3 Min. goldbraun ausbacken. Auf Küchenpapier abtropfen lassen. Kohlrabischnitzel auf einem Teller im Ofen warmhalten, bis alle fertig sind.

4. Für die Sauce die Zwiebel schälen und fein würfeln. Die Butter in einem kleinen Topf erhitzen. Zwiebelwürfel darin andünsten, bis sie glasig-hellgelb aussehen. Das Mehl darüberstäuben und kurz andünsten. Fond oder Brühe und Sahne unter Rühren dazugießen, aufkochen und die Sauce ca. 5 Min. bei schwacher Hitze unter gelegentlichem Rühren garen.

5. Inzwischen die Zitronenhälfte heiß waschen und abtrocknen, die Schale fein abreiben, 2–3 TL Saft auspressen. Den Kerbel waschen, trocken schütteln, grobe Stiele entfernen. Kerbel und Kohlrabiblätter fein hacken.

6. Die Sauce mit Salz, Pfeffer, Zitronensaft und -schale sowie 1 Prise Zucker würzen. Kerbel und Kohlrabiblätter untermischen. Sauce mit den Kohlrabischnitzeln anrichten. Dazu schmecken hartgekochte Eier.

WINTERVARIANTE: GEFÜLLTE SELLERIESCHNITZEL

Für 2 Personen: **1 kleinen Knollensellerie** (ca. 500 g) schälen, halbieren und in 1 cm dicke Scheiben schneiden. Scheiben in kochendem Salzwasser mit **1 EL Zitronensaft** ca. 10 Min. vorgaren, abschrecken, abtropfen lassen und trocken tupfen. Selleriescheiben quer einschneiden und je **1 Scheibe Butterkäse** dazwischenstecken. **50 g Mehl** und **50 g Semmelbrösel**, gemischt mit **50 g gemahlenen Haselnüssen**, jeweils in einen tiefen Teller geben. In einem dritten Teller **2 Eier** (Größe M) mit **Salz** und **Pfeffer** verquirlen. Die Schnitzel in Mehl, dann in den Eiern, zuletzt in dem Brösel-Mix wenden und wie beschrieben in **4 EL Öl** und **1 EL Butter** in einer großen beschichteten Pfanne auf jeder Seite in 3–4 Min goldbraun braten. Dazu passt ein Apfel-Meerrettich-Dip mit Mayonnaise und Joghurt.

Polenta-Bratkartoffeln mit Guacamole

einfach genial: knusprige Kartöffelchen und würzige Creme

Zubereitungszeit: **ca. 45 Min.**
Pro Portion: **ca. 760 kcal**

Für 2 Personen
Für die Kartoffeln:
500 g mittelgroße Kartoffeln | Salz
5 EL Olivenöl | Cayennepfeffer
½ TL gemahlener Kreuzkümmel
5–6 EL Polenta (feiner Maisgrieß)
1 EL Butter | Pfeffer
½ Bund Koriandergrün
Für die Guacamole:
1 Tomate
1 Frühlingszwiebel
1 reife Avocado
1 EL Limettensaft | Salz
Cayennepfeffer

1. Die Kartoffeln waschen, mit Salzwasser aufkochen und ca. 15 Min. vorkochen. Dann die Kartoffeln abgießen, abschrecken, schälen und abkühlen lassen.

2. In einer Schüssel für die Kartoffeln das Olivenöl, 1 TL Salz, knapp 1 TL Cayennepfeffer und den Kreuzkümmel verrühren. Die Kartoffeln längs in Spalten schneiden, vorsichtig in der Marinade wenden und ca. 10 Min. darin ziehen lassen.

3. Inzwischen für die Guacamole die Tomate waschen, vom Stielansatz befreien und vierteln. Die Kerne herauskratzen, das Fruchtfleisch in kleine Würfel schneiden. Die Frühlingszwiebel waschen und putzen, das dunkle Grün entfernen, weiße und hellgrüne Teile fein würfeln. Die Avocado halbieren, den Stein herauslösen. Das Fruchtfleisch mit einem Löffel aus der Schale heben, sofort mit dem Limettensaft beträufeln und mit einer Gabel nach Belieben grob oder fein zerdrücken. Mit den Tomaten und der Frühlingszwiebel vermengen. Guacamole mit Salz und Cayennepfeffer abschmecken und zugedeckt kalt stellen.

4. Für die Kartoffeln den Polenta-Grieß auf einen Teller geben, die Kartoffelspalten mit den Schnittflächen hineindrücken. In einer großen beschichteten Pfanne das übrige Öl und die Butter erhitzen, die Kartoffelspalten darin bei mittlerer Hitze rundherum in 5–6 Min. knusprig und goldbraun braten, dabei vorsichtig wenden. Mit Salz und Pfeffer würzen. Das Koriandergrün waschen und trocken schütteln, die Blätter abzupfen und grob hacken. Kartoffeln damit bestreuen und mit der Avocadocreme servieren.

Wurzelgemüsepuffer

mit raffiniertem Zwiebel-Apfel-Mus

Zubereitungszeit: ca. 50 Min.
Pro Portion **ca. 550 kcal**

Für 2 Personen
Für das Zwiebel-Apfel-Mus:
2 säuerliche Äpfel (z. B. Elstar)
1 kleine Zwiebel
2 TL Öl
2 TL flüssiger Honig
5 EL Apfelsaft
1 EL Zitronensaft
Salz | Cayennepfeffer
Für die Wurzelgemüsepuffer:
1 große Möhre (ca. 100 g)
200 g Petersilienwurzeln
(ersatzweise Knollensellerie)
150 g vorwiegend festkochende Kartoffeln
1 kleine Zwiebel
20 g Walnusskerne
2 Eier (Größe M)
2–3 EL Mehl
Salz | Pfeffer
1 Msp. abgeriebene Bio-Zitronenschale
2 EL Butterschmalz

1. Äpfel vierteln, schälen und das Kerngehäuse herausschneiden, die Viertel klein würfeln. Zwiebel schälen und fein würfeln. Öl in einem Topf erhitzen. Zwiebelwürfel darin andünsten, bis sie glasig-hellgelb aussehen.

2. Äpfel zugeben und kurz andünsten. Den Honig einrühren, Apfel- und Zitronensaft dazugeben. Äpfel bei schwacher Hitze zugedeckt ca. 10 Min. dünsten.

3. Inzwischen für die Puffer Möhre und Petersilienwurzeln putzen, schälen und auf der Rohkostreibe grob raspeln. Die Kartoffeln schälen, waschen, abtrocknen und mittelfein raspeln. Die Zwiebel schälen und fein würfeln. Die Walnüsse hacken. Gemüse- und Kartoffelraspel, Zwiebel und Nüsse in einer Schüssel mit den Eiern, Mehl, Salz, Pfeffer und der abgeriebenen Zitronenschale mischen.

4. Äpfel vom Herd nehmen und mit einer Gabel zerdrücken. Mit Salz und Cayennepfeffer würzen und abkühlen lassen.

5. Den Backofen auf 80° vorheizen. Für die Puffer in einer großen beschichteten Pfanne 1 EL Butterschmalz erhitzen. Pro Puffer 1 gehäuften EL Gemüseteig hineingeben, flachdrücken und von jeder Seite bei mittlerer Hitze in 3–4 Min. goldbraun braten. Die fertigen Puffer herausnehmen, auf Küchenpapier abtropfen lassen und auf einem Teller im Backofen (Mitte) warmhalten. Übrige Masse in 1 EL Butterschmalz ebenso braten. Die Puffer mit dem Zwiebel-Apfel-Mus servieren.

Auberginen-
Piccata
mit Tagliatelle

Auberginen-Piccata mit Tagliatelle

schmeckt nach Sommer und Italienurlaub

Zubereitungszeit: 1 Std.
Pro Portion: ca. 790 kcal

Für 2 Personen
1 Aubergine (ca. 250 g)
Salz
1 kleine Zwiebel
1 Knoblauchzehe
125 g Zucchini
1 rote Paprikaschote
1 Zweig Rosmarin
5 EL Olivenöl
250 ml passierte Tomaten (Tetrapak)
Pfeffer
2 Eier (Größe M)
30 g italienischer Hartkäse*
1 ½ EL Mehl
175 g Tagliatelle
1 Prise Zucker
2–3 Stängel Basilikum

*Ein parmesanähn-licher italienischer Hartkäse, der ohne tierisches Lab hergestellt wird, heißt Montello. Du bekommst ihn im Bioladen und im Reformhaus.

1. Die Aubergine waschen, trocken reiben und den Stielansatz entfernen. Dann die Aubergine schräg in knapp 1 cm breite Scheiben schneiden.

2. Die Auberginenscheiben auf eine dicke Lage Küchenpapier legen, auf beiden Seiten kräftig salzen (siehe Info) und 30–40 Min. Wasser ziehen lassen.

Warum und wieso...

... müssen Auberginen vor dem Braten gesalzen werden? Es geht auch ohne, aber sie schmecken dann fad und liegen schwer im Magen. Denn Auberginen saugen beim Braten Fett auf wie ein Schwamm. Nur wenn das Fruchtfleisch von allen Seiten kräftig mit Salz bestreut wird und dann zuge-deckt 30–40 Minuten Wasser ziehen darf, brät es goldbraun und knusprig und entfaltet sein charakteristisches leicht nussartiges Aroma.

3. Inzwischen für die Sauce Zwiebel und Knoblauch schälen und klein würfeln. Die Zucchini waschen, putzen und in kleine Würfel schneiden. Die Paprikaschote vierteln und putzen. Samen und Trennwände entfernen. Paprikaviertel waschen und fein würfeln. Rosmarin waschen, Nadeln abstreifen und hacken.

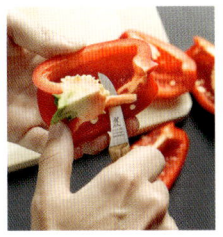 

4. In einem breiten Topf 1 EL Öl erhitzen. Zwiebel, Knoblauch, Paprika, Zucchini und Rosmarin darin bei starker Hitze ca. 2 Min. braten, bis das Gemüse leicht angeröstet ist. Tomaten einrühren, salzen und pfeffern. Die Sauce zugedeckt bei schwacher Hitze ca. 20 Min. kochen.

5. Inzwischen für die Nudeln in einem Topf 2 l Wasser aufkochen. Die Eier mit Salz und Pfeffer in einem tiefen Teller verquirlen. Den Käse reiben und unterrühren. Das Mehl auf einen zweiten Teller geben.

6. Knapp 2 TL Salz ins kochende Wasser geben. Tagliatelle darin nach Packungsangabe in 8–10 Min. bissfest garen.

7. Gleichzeitig das übrige Öl in einer großen beschichteten Pfanne erhitzen. Den Backofen auf 80° vorheizen. Die Auberginenscheiben mit Küchenpapier trocken tupfen und im Mehl wenden, das Mehl wieder gut abklopfen.

8. Dann die Auberginenscheiben mit einer Gabel durch die Eier-Käse-Mischung ziehen. Die Scheiben im heißen Fett bei mittlerer Hitze von jeder Seite in ca. 3 Min. goldbraun braten und kurz auf Küchenpapier abtropfen lassen. Fertige Auberginenschnitzel auf einem Teller im Backofen (Mitte) warmhalten.

9. Die Tomatensauce mit Salz, Pfeffer und Zucker abschmecken. Die Nudeln abgießen und abtropfen lassen. Mit der Sauce und den Auberginenschnitzeln anrichten. Basilikum waschen und trocken schütteln. Blätter abzupfen und aufstreuen.

Gebratene Nudeln mit Pak Choi

Das würzige Durcheinander macht satt und glücklich!

Zubereitungszeit: ca. 30 Min.
Pro Portion: **ca. 580 kcal**

Für 2 Personen
125 g Mie-Nudeln | Salz
1 EL Sesamöl
2 Möhren
150 g Brokkoliröschen
200 g Pak Choi
3 Frühlingszwiebeln
200 g Seitan
2 EL Öl
1–2 TL Sambal oelek
125 ml Gemüsebrühe (Instant)
1–2 TL flüssiger Honig
2–3 EL Sojasauce
2–3 Stängel Thai-Basilikum
(ersatzweise Basilikum)

1. Die Mie-Nudeln in Salzwasser nach Packungsangabe in 3–5 Min. kochen (siehe Info). Abgießen, abtropfen lassen und mit dem Sesamöl vermengen.

2. Inzwischen die Möhren putzen, schälen und in feine, 4–5 cm lange Streifen schneiden. Brokkoli waschen und putzen. Pak Choi waschen, den Strunk abschneiden, Pak Choi in ca. 1 cm breite Stücke schneiden. Die Frühlingszwiebeln waschen und putzen, das dunkle Grün entfernen, weiße und hellgrüne Teile in dünne Scheiben schneiden. Seitan in ca. 1 cm große Würfel schneiden.

3. Das Öl in Wok oder Pfanne erhitzen. Möhren und Brokkoli darin ca. 2 Min. unter Rühren anbraten. 1 TL Sambal oelek einrühren, dann Brühe, den Honig und 2 EL Sojasauce zufügen. Das Gemüse ca. 5 Min. bei schwacher Hitze garen.

4. Dann Seitanwürfel, Pak Choi und Frühlingszwiebeln unter das Gemüse heben. Die Nudeln untermischen und alles noch 3–4 Min. unter Wenden bei starker Hitze braten, bis die Nudeln leicht knusprig sind. Mit Sojasauce und Sambal oelek würzig-scharf abschmecken. Thai-Basilikum waschen und trocken schütteln, Blätter grob hacken und unterheben.

Warum und wieso …

… sind asiatische Nudeln schneller gar als die europäische Pasta? Zum einen bestehen Weizen- und Eiernudeln aus Fernost aus Weichweizen, deshalb haben sie nach dem Garen auch nicht so viel Biss. Zum anderen sind sie oft vorgegart und deshalb in wenigen Minuten fertig.

Kein Pak Choi
im Angebot?
Dann nimm
Mangold oder
Chinakohl!

Hörnchennudel-Gröstl

Zubereitung: **ca. 35 Min.**
Pro Portion: **ca. 640 kcal**

Für 2 Personen
Salz | 175 g Hörnchennudeln
½ Spitzkohl (ca. 300 g)
1 große rote Paprikaschote
2 Zwiebeln
3–4 Zweige Majoran
3 EL Öl | Pfeffer
1 TL Kümmel
60 ml Gemüsebrühe (Instant)
2–3 TL Zitronensaft
3 Eier (Größe M)

1. In einem Topf 2 l Wasser aufkochen und gut 1 ½ TL Salz zufügen. Die Nudeln im kochenden Salzwasser nach Packungsangabe in ca. 10 Min. bissfest garen.

2. Inzwischen die Spitzkohlhälfte putzen, waschen, halbieren und den Strunk keilförmig herausschneiden. Spitzkohl in knapp 1 cm breite Streifen schneiden. Die Paprikaschote vierteln und putzen. Samen und Trennwände entfernen. Paprikaviertel waschen und in feine Streifen schneiden. Zwiebeln schälen, halbieren und in ca. ½ cm dicke Halbringe schneiden. Den Majoran waschen und trocken schütteln, Blätter abzupfen und hacken.

3. Die Nudeln abgießen, dabei 2–3 EL Kochwasser auffangen. Nudeln gut abtropfen lassen und sofort mit dem aufgefangenen Kochwasser vermischen.

4. In einer großen beschichteten Pfanne das Öl erhitzen. Zwiebeln, die Paprika- und Kohlstreifen darin bei mittlerer Hitze ca. 3 Min. dünsten, bis die Zwiebelringe glasig-hellgelb sind. Mit Salz, Pfeffer und Kümmel würzen.

5. Die Brühe zum Gemüse gießen und das Gemüse zugedeckt bei schwacher Hitze 2–3 Min. dünsten. Zwei Drittel vom Majoran unterheben und das Gemüse mit Zitronensaft würzen.

6. Die Nudeln unter das Gemüse mischen und ca. 2 Min. ziehen lassen. Die Eier verquirlen, leicht salzen und pfeffern und gleichmäßig über die Nudelpfanne verteilen. Die Eier bei mittlerer Hitze in 2–3 Min. stocken lassen, bis sie fest, aber noch etwas feucht sind. Das Gröstl abschmecken und mit dem übrigen Majoran bestreut servieren.

Lässt sich mit
jedem Gemüse
variieren, das
der Kühlschrank
hergibt!

AUS DEM TOPF

Brokkoli-Cappuccino

getoppt von sanftem Mandelschaum

Zubereitungszeit: ca. 35 Min.
Pro Portion (bei 2): ca. 440 kcal

Für 2 Personen oder für 4 als Vorspeise
1 Schalotte
1 Knoblauchzehe
300 g Brokkoli
1 EL Olivenöl
75 ml trockener Weißwein
200 ml Gemüsefond (Glas)
100 g Sahne
2 Stängel Basilikum
1 EL Butter
Salz | Pfeffer
1–2 TL Zitronensaft
125 ml Milch
1 ½ EL weißes Mandelmus (Reformhaus)

Warum und wieso …

… entsteht Milchschaum? Indem mit einem Aufschäumer oder Schneebesen Luft in die Milch geschlagen wird! Für die Stehkraft des Schaums ist auch die Temperatur wichtig. Wird die Milch erwärmt (auf ca. 50°), während man gleichzeitig Luft einarbeitet, gelingt er am besten. Vorsicht beim Erhitzen – ab 70 Grad fällt die weiße Pracht wieder zusammen.

1. Schalotte und Knoblauch schälen und fein würfeln. Den Brokkoli waschen und putzen, den harten Strunk entfernen, die Röschen in kleine Stücke schneiden. Dickere Stiele schälen und klein würfeln.

2. In einem Topf das Öl erhitzen. Schalotte darin glasig dünsten. Brokkoli und Knoblauch zufügen und 1–2 Min. mitdünsten. Wein, Fond und die Sahne dazugießen, einmal aufkochen und bei schwacher Hitze zugedeckt 6–8 Min. köcheln lassen, bis der Brokkoli weich ist.

3. Inzwischen das Basilikum waschen und trocken schütteln, die Blätter abzupfen und bis auf zwei bzw. vier grob hacken. Brokkolisuppe vom Herd nehmen, Butter und gehacktes Basilikum dazugeben und alles mit dem Pürierstab fein pürieren. Die Suppe kurz aufkochen und mit Salz, Pfeffer und Zitronensaft abschmecken.

4. Die Milch in einem kleinen Topf erhitzen, mit dem Mandelmus verrühren und mit 1 Prise Salz würzen. Die Suppe in hitzebeständige Gläser, Becher oder Tassen verteilen. Die Mandelmilch mit einem Schneebesen oder Milchaufschäumer schaumig aufschlagen (siehe Info) und mit einem Löffel auf die Suppe geben. Mit je 1 Basilikumblatt garnieren.

Scharfe Linsen-Ananas-Suppe

exotisch komponiert

Zubereitungszeit: **ca. 45 Min.**
Pro Portion: **ca. 335 kcal**

Für 2 Personen
1 Dose Ananasringe
(240 g Abtropfgewicht)
1 kleine Zwiebel
1 Stück frischer Ingwer (ca. 2 cm)
1 frische rote Chilischote
100 g rote Linsen
1 EL Öl
500 ml Gemüsebrühe (Instant)
Salz
Pfeffer
1 EL Crème fraîche
1 TL Chiliflocken (Pul biber)

Warum und wieso …

… muss man rote Linsen vor dem Kochen nicht einweichen? Das liegt daran, dass sie bereits geschält sind. Und da die braune oder lilafarbene Samenschale entfernt wurde, garen die orange-roten Linsenkerne schneller als viele ihrer Verwandten. Sie eignen sich also ideal für den spontanen Linsenhunger, denn sie brauchen nur ca. 10 Minuten.

1. Die Ananasringe auf ein Sieb abgießen, den Ananassaft dabei auffangen. Die Ananas in kleine Würfel schneiden. Die Zwiebel schälen und fein würfeln. Den Ingwer schälen und auf der Rohkostreibe fein reiben. Chili waschen, putzen und längs aufschneiden. Die Kerne herausschaben, Chilihälften winzig klein würfeln (danach Hände waschen!). Die Linsen in einem Sieb kalt abbrausen (siehe Info) und abtropfen lassen.

2. In einem Topf das Öl erhitzen. Zwiebel, Ingwer und Chili darin bei mittlerer Hitze ca. 2 Min. andünsten, bis die Zwiebelwürfel glasig-hellgelb aussehen. Die Linsen und die Hälfte der Ananasstücke zufügen und ca. 1 Min. mitdünsten. Den Ananassaft und die Brühe dazugießen und alles einmal aufkochen. Die Linsen-Mischung zugedeckt bei mittlerer Hitze ca. 15 Min. köcheln lassen.

3. Die Suppe mit dem Pürierstab fein pürieren und mit Salz und Pfeffer würzen. Die Crème fraîche mit dem Schneebesen unterrühren, die Suppe einmal kurz aufkochen. In tiefe Teller verteilen und mit den übrigen Ananaswürfeln und den Chiliflocken bestreuen. Dazu schmeckt Baguette oder Fladenbrot.

Frühlings-Minestrone

Italo-Klassiker trifft heimisches Gemüse

Zubereitungszeit: ca. 40 Min.
Pro Portion: **ca. 330 kcal**

Für 2 Personen
100 g Möhren
150 g grüner Spargel
2 Frühlingszwiebeln
1 kleine Zwiebel
1 Knoblauchzehe
3 Strauchtomaten
2 EL Olivenöl
600 ml Gemüsebrühe (Instant)
Salz | Pfeffer
1 Prise Zucker
frisch geriebene Muskatnuss
50 g kleine Nudeln (z. B. Mini-Penne-Nudeln oder Gabelspaghetti)
60 g kleine weiße Bohnen (Dose)
100 g junger Blattspinat
30 g italienischer Hartkäse

1. Die Möhren putzen, schälen und 1 cm groß würfeln. Den Spargel waschen, das untere Drittel mit einem Sparschäler schälen, die holzigen Enden abschneiden. Spargelstangen schräg in 1–2 cm kurze Stücke schneiden. Die Frühlingszwiebeln waschen und putzen. Weiße Teile würfeln, grüne in feine Ringe schneiden und beiseitestellen. Zwiebel und Knoblauch schälen und würfeln.

2. Die Stielansätze aus den Tomaten herausschneiden. Tomaten mit kochendem Wasser übergießen, kurz darin ziehen lassen, dann die Tomaten abschrecken, häuten und vierteln. Die Kerne entfernen, das Fruchtfleisch 1–2 cm groß würfeln.

3. In einem Topf das Öl erhitzen. Zwiebel, weiße Frühlingszwiebelwürfel und Knoblauch darin andünsten, bis alles glasig-hellgelb aussieht. Möhren und Spargel dazugeben und kurz mitdünsten. Brühe dazugießen und aufkochen. Mit Salz, Pfeffer, Zucker und Muskatnuss kräftig würzen. Dann die Nudeln zufügen, alles erneut zugedeckt aufkochen und bei mittlerer Hitze insgesamt ca. 10 Min. garen.

4. Inzwischen die Bohnen in ein Sieb abgießen, abbrausen und gut abtropfen lassen. Spinat waschen, abtropfen lassen und verlesen, grobe Stiele abschneiden. Ca. 3 Min. vor Ende der Garzeit Tomaten, Bohnen und Spinat in die Suppe geben und so lange ziehen lassen, bis der Spinat zusammengefallen ist.

5. Minestrone mit Salz und Pfeffer kräftig würzen. Das Frühlingszwiebelgrün über die Suppe streuen. Den Hartkäse mit einem Sparschäler in Späne hobeln und darüber verteilen.

Spaghetti mit Pilz-Bolognese

aromatische Variante des italienischen Bestsellers

Zubereitungszeit: ca. 50 Min.
Pro Portion (bei 3): ca. 480 kcal

Für 2–3 Personen
250 g gemischte Pilze (z. B. Kräuterseitlinge,
Shiitakepilze, Champignons, Austernpilze)
1 Möhre
1 Stange Staudensellerie
1 Zwiebel
1 Knoblauchzehe
1 kleiner Zweig Rosmarin
3 Zweige Thymian (ersatzweise
½ TL getrockneter)
2 EL Olivenöl
2 TL Tomatenmark
1 Lorbeerblatt
1 Dose geschälte Tomaten
(400 g Füllgewicht)
200 ml Gemüsebrühe (Instant)
Salz
Pfeffer
½ TL rosenscharfes Paprikapulver
1 Prise Zucker
250 g Spaghetti
50 g geriebener italienischer Hartkäse

1. Die Pilze putzen, evtl. anhaftende Sand-
und Erdreste mit Küchenpapier abreiben.
Von den Shiitakepilzen den Stiel entfernen, bei den übrigen trockene Stielenden
abschneiden. Alle Pilze klein würfeln.

2. Die Möhre schälen, den Sellerie waschen. Beide putzen und in kleine Würfel
schneiden. Zwiebel und Knoblauch
schälen und fein würfeln. Rosmarin und
Thymian waschen, Nadeln bzw. Blättchen abstreifen und fein hacken.

3. In einem breiten Topf das Öl erhitzen. Die
Pilze darin bei starker Hitze ca. 5 Min.
hellbraun anbraten, bis die Flüssigkeit
verdampft ist. Zwiebel- und Gemüsewür-
fel dazugeben und ca. 4 Min. bei mittlerer Hitze mitbraten, aber nicht bräunen.
Knoblauch und Tomatenmark unterrühren und kurz andünsten. Lorbeer, Rosmarin und Thymian zufügen. Tomaten samt
Saft dazugeben, die Tomaten mit einem
Kochlöffel zerdrücken. Brühe dazugießen
und alles mit Salz, Pfeffer, Paprikapulver
und Zucker würzen. Die Pilz-Bolognese
aufkochen und offen bei mittlerer Hitze
25–30 Min. schmoren.

4. Inzwischen in einem großen Topf 2,5 l
Wasser aufkochen und 2 ½ TL Salz zufügen. Spaghetti im kochenden Salzwasser
nach Packungsangabe bissfest garen.
Dann die Nudeln in ein Sieb abgießen
und kurz abtropfen lassen. Die Pilz-Bolognese mit Salz und Pfeffer abschmecken
und mit den Nudeln auf Tellern anrichten.
Den Hartkäse obendrauf streuen.

Kartoffelgulasch mit Seitan

der Klassiker von Oma als Veggie-Hit

Zubereitungszeit: **ca. 45 Min.**
Pro Portion: **ca. 450 kcal**

Für 2 Personen
2 Zwiebeln
1 Knoblauchzehe
500 g vorwiegend
festkochende Kartoffeln
je 1 rote und gelbe Paprikaschote
2 EL Olivenöl
2 TL Tomatenmark
1 gehäufter EL edelsüßes Paprikapulver
2 TL getrockneter Majoran
400 ml Gemüsefond oder -brühe
 (Glas oder Instant)
200 g Seitan (Reformhaus oder Bioladen)
Salz | Pfeffer
½ Bund Petersilie
½ Bio-Zitrone
1 TL Kümmel
2 EL saure Sahne

1. Die Zwiebeln und den Knoblauch schälen und fein würfeln. Die Kartoffeln schälen, waschen und in ca. 1 ½ cm große Würfel schneiden. Die Würfel in eine Schüssel mit kaltem Wasser legen, damit sie hell bleiben. Die Paprikaschoten vierteln und putzen. Samen und Trennwände entfernen. Paprikaviertel waschen und in ca. 2 cm große Stücke schneiden.

2. In einem Topf das Öl erhitzen. Zwiebeln, Knoblauch und Paprikastücke darin bei mittlerer Hitze 4–5 Min. andünsten, bis die Zwiebelwürfel glasig-hellgelb aussehen. Tomatenmark und Paprikapulver zufügen und unter Rühren anrösten. Den Majoran dazugeben. Fond oder Brühe dazugießen und aufkochen.

3. Die Kartoffeln in ein Sieb abgießen, abtropfen lassen und in den Topf zu den Paprika geben. Alles zugedeckt bei mittlerer Hitze ca. 10 Min. schmoren.

4. Inzwischen den Seitan in ca. 2 cm große Stücke schneiden. Zum Gulasch geben und dann alles offen weitere 10 Min. bei mittlerer Hitze kochen. Gulasch mit Salz und Pfeffer abschmecken.

5. Für die Gewürzmischung die Petersilie waschen und gut trocken schütteln, die Blätter abzupfen und fein hacken. Die Zitronenhälfte heiß waschen und abtrocknen, die Schale fein abreiben. Petersilie, Zitronenschale, Kümmel und 1 Prise Salz mischen.

6. Das Kartoffelgulasch auf zwei tiefe Teller verteilen, jeweils 1 EL saure Sahne daraufgeben und mit der Gewürzmischung bestreut servieren.

Würziger Seitan schmeckt auch passionierten Fleischessern.

Möhren-Pasta mit Kerne-Crunch

umhüllt von cremiger Sauce

Zubereitungszeit: **ca. 35 Min.**
Pro Portion (bei 3): **ca. 680 kcal**

Für 2–3 Personen
Salz | 250 g Linguine
300 g Möhren | 2 Schalotten
60 g italienischer Hartkäse
½ Bund Estragon
(ersatzweise 1 TL getrockneter)
50 g Vitalkerne-Mix (z. B. Kürbis-, Sonnen-
blumen-, Pinienkerne)
1 ½ EL flüssiger Honig
1 EL Butter
5 EL trockener Weißwein
125 ml Gemüsefond oder -brühe
(Glas oder Instant)
100 g Mascarpone | Pfeffer

1. In einem Topf 2 l Wasser aufkochen und 2 TL Salz zufügen. Die Linguine im kochenden Salzwasser nach Packungsangabe in ca. 8 Min. bissfest garen.

2. Inzwischen die Möhren putzen, schälen und ca. 1 cm groß würfeln. Die Schalotten schälen und fein würfeln. Den Hartkäse fein reiben. Den Estragon waschen und trocken schütteln, die Blättchen von den Stielen zupfen und grob hacken.

3. Die Kerne in einer Pfanne ohne Fett goldbraun anrösten, dabei ab und zu die Pfanne rütteln. Honig darüberträufeln und alles unter Rühren weiterrösten, bis die Kerne glänzen. Sie kleben etwas zusammen. Kerne-Mix auf einen Teller geben, abkühlen lassen und mit der Hand oder einem Löffel grob zerbröckeln.

4. Die Butter in einem breiten Topf zerlassen. Möhrenwürfel und Schalotten darin bei mittlerer Hitze ca. 5 Min. dünsten, dann herausnehmen. Wein und Fond oder Brühe zum Bratsatz gießen und aufkochen. Erst den Hartkäse bis auf 1 EL mit dem Schneebesen unterrühren, dann Mascarpone vorsichtig einrühren. Die Sauce kurz aufkochen. Die Möhren- und Schalottenwürfel dazugeben und bei schwacher Hitze ca. 3 Min. in der Sauce ziehen lassen. Den Estragon bis auf ein paar Blätter untermischen.

5. Die Nudeln in ein Sieb abgießen, kurz abtropfen lassen und mit der Möhrensauce in dem Topf mischen. Mit Salz und Pfeffer würzen und in tiefen Tellern anrichten. Den übrigen Hartkäse und den restlichen Estragon sowie den zerbröckelten Kerne-Crunch obendrauf streuen.

Rote-Bete-Risotto

Rote-Bete-Risotto

Crossover-Rührstück mit cremigem Topping

Zubereitungszeit: **ca. 45 Min.**
Garzeit: **30 Min.**
Pro Portion: **ca. 570 kcal**

Für 2 Personen
2–3 kleine Rote Beten (ca. 300 g) ✱
Salz
2 Schalotten
1 Knoblauchzehe
½ Bio-Zitrone
500 ml Gemüsefond oder -brühe
(Glas oder Instant)
1 ½ EL Butter
150 g Risottoreis
(z. B. Arborio oder Vialone Nano)
75 ml trockener Weißwein
30 g italienischer Hartkäse
1 Stück frischer Meerrettich
(ca. 25 g)
3–4 Stängel Dill
Pfeffer
75 g cremiger Schafskäse
oder Fetakäse

✱ Keine Zeit? Mit gegarten Roten Beten aus dem Folienbeutel (Kühlregal) wird der Risotto zum Blitzgericht.

1. Die Roten Beten gründlich waschen, aber die Wurzel- und Blattansätze nicht abtrennen, da die Knollen sonst ausbluten und an Aroma verlieren. Die Knollen in einem Topf mit Salzwasser bedecken, aufkochen und zugedeckt bei schwacher Hitze ca. 30 Min. kochen.

2. Die Roten Beten in ein Sieb abgießen, kalt abschrecken und noch warm mit den Händen schälen. Dabei am besten Küchenhandschuhe tragen, da sich der Saft nur schwer von den Händen entfernen lässt. Die Knollen in knapp 1 cm große Würfel schneiden.

Warum und wieso ...

... muss ein Risotto regelmäßig gerührt werden? Das ist wichtig, weil der Reis leicht am Topfboden anklebt. Typischer Risottoreis quillt beim Garen auf und gibt Stärke ab, während er selbst noch lange fest bleibt. Daher wird die heiße Flüssigkeit – erst Wein, dann Brühe – immer in Portionen dazugegossen. Durch das ständige Rühren und Einköcheln kann der Reis Wein und Brühe nach und nach vollständig aufnehmen.

3. Schalotten und Knoblauch schälen und würfeln. Zitronenhälfte heiß waschen und abtrocknen, Schale fein abreiben. Fond oder Brühe aufkochen, warmhalten.

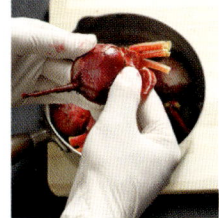

4. In einem Topf 1 EL Butter schmelzen. Schalotten, Knoblauch und die Hälfte der Zitronenschale darin ca. 2 Min. dünsten, bis die Schalotten glasig aussehen. Den Risottoreis dazugeben und ca. 1 Min. unter Rühren mitdünsten. Die Roten Beten zufügen und ca. 1 Min. mitdünsten. Den Wein dazugießen und bei schwacher Hitze vollständig einkochen. Ca. 200 ml heißen Fond oder Brühe dazugießen, Risotto im offenen Topf bei schwacher Hitze 20–25 Min. quellen lassen. Dabei öfter umrühren (siehe Info) und nach und nach den übrigen Fond dazugießen.

5. Inzwischen den Hartkäse fein reiben. Den Meerrettich schälen und fein raspeln. Den Dill waschen und trocken schütteln, Blättchen abzupfen und fein schneiden.

6. Ca. 5 Min. vor Ende der Garzeit übrige Butter, Hartkäse, Meerrettich und die Hälfte vom Dill unterrühren. Der Risotto ist fertig, wenn die Körner noch einen bissfesten Kern haben und das Drumherum saftig und cremig ist. Mit Salz, Pfeffer und Zitronenschale würzen, mit Schafskäse und übrigem Dill bestreuen.

VARIANTE: TOMATEN-ZUCCHINI-RISOTTO

Für 2 Personen: **200 ml Tomatensaft** und **400 ml Gemüsebrühe** (Instant) aufkochen und warmhalten. **2 Schalotten** und **1 Knoblauchzehe** schälen, fein hacken und in **1 EL Olivenöl** mit **150 g Risotto-Reis** 1–2 Min. anbraten. Ca. 100 ml Tomatensaft-Mischung dazugießen und unter Rühren bei schwacher Hitze einkochen. Nach und nach die übrige Saft-Mischung dazugießen und offen einkochen. Das dauert 20–25 Min. Inzwischen **250 g Zucchini** waschen, putzen und klein würfeln. Zucchini in **2 EL Olivenöl** ca. 5 Min. braten, salzen und pfeffern. Vom Herd nehmen, **2 EL italienische TK-Kräuter** untermischen. **2 EL geriebenen italienischen Hartkäse**, Zucchini-Kräuter-Mix und **1 EL Tomaten-Pesto** (Glas) unter den fertigen Risotto heben. Den Risotto noch einmal abschmecken und sofort servieren.

Spargel-Erbsen-Curry mit Tofu

veganer Thai-Genuss von der Stange

Zubereitungszeit: **ca. 45 Min.**
Marinierzeit: **ca. 1 Std.**
Pro Portion: **ca. 465 kcal**

Für 2 Personen
200 g Natur-Tofu
3 EL Limettensaft
1 TL brauner Zucker
Salz
Pfeffer
1 TL Madras-Currypulver
400 g weißer Spargel
1 Schalotte
1 Stück frischer Ingwer (ca. 2 cm)
1 Knoblauchzehe
3 EL Öl
1 EL gelbe Thai-Currypaste (Asienregal)
200 ml ungesüßte Kokosmilch (Dose)
100 ml Gemüsefond oder -brühe
(Glas oder Instant)
150 g TK-Erbsen
(oder frisch gepalte Erbsen)
30 g Cashewkerne
5 Stängel Koriandergrün

1. Den Tofu in 1–2 cm große Würfel schneiden. 2 EL Limettensaft, Zucker, Salz, Pfeffer und Currypulver in einer kleinen Schüssel verrühren. Den Tofu in der Marinade wenden und 1 Std. marinieren, dabei noch mehrmals wenden.

2. Inzwischen den Spargel waschen, schälen, die holzigen Enden abschneiden. Stangen schräg in 2–3 cm breite Stücke schneiden. Schalotte, Ingwer und Knoblauch schälen und getrennt fein würfeln.

3. In einem breiten Topf 2 EL Öl erhitzen. Currypaste und Knoblauch darin 1–2 Min. andünsten. Schalotten, Ingwer und Spargel dazugeben und 2–3 Min. mitdünsten. Kokosmilch und Fond oder Brühe dazugießen. Alles salzen und offen insgesamt ca. 10 Min. garen, bis der Spargel gar ist, aber noch Biss hat. 5 Min. vor Ende der Garzeit die TK-Erbsen dazugeben.

4. In einer beschichteten Pfanne Cashewkerne ohne Fett goldbraun rösten, abkühlen lassen und grob hacken. Das übrige Öl in der Pfanne erhitzen. Den Tofu aus der Marinade nehmen, trocken tupfen und im heißen Fett unter Wenden in ca. 5 Min. goldbraun braten.

5. Das Curry mit Salz und Limettensaft abschmecken. Das Koriandergrün waschen, trocken schütteln und die Blätter mit den zarten Stielen grob hacken. Das Curry mit dem gebratenen Tofu anrichten, mit gehacktem Koriandergrün und Cashewkernen bestreuen und servieren. Dazu schmeckt Basmatireis.

Mariniertes Ratatouille

Mariniertes Ratatouille

Gemüse-Glanzstück mit viel Aroma

Zubereitungszeit: 50 Min.
Marinierzeit: 12 Std. (am besten über Nacht)
Pro Portion (bei 3): **ca. 280 kcal**

Für 2–3 Personen
1 Aubergine (ca. 300 g)
2 junge Zucchini (ca. 300 g)
je 1 rote und gelbe Paprikaschote
2 Zwiebeln
2–3 Knoblauchzehen
6 Zweige Thymian
(ersatzweise 1 TL getrockneter)
2 Zweige Rosmarin
6 EL Olivenöl
Meersalz | Pfeffer
500 g vollreife Tomaten*
4 Stängel Basilikum
Außerdem:
1 großer Gefrierbeutel (6 l)

1. Die Aubergine waschen, trocken reiben und den Stielansatz entfernen. Aubergine längs vierteln und quer in ca. 1 cm dicke Stücke schneiden. Die Zucchini waschen, putzen und quer in ca. 1 cm dicke Scheiben schneiden. Die Paprikaschoten vierteln und putzen. Samen und Trennwände entfernen. Paprikaviertel waschen und in ca. 3 cm große Stücke schneiden. Die Zwiebeln schälen und in Spalten schneiden. Knoblauch schälen und in dünne Scheiben schneiden. Thymian und Rosmarin waschen und trocken schütteln, Blättchen bzw. Nadeln abstreifen.

2. 4 EL Olivenöl mit Knoblauch, Thymian und Rosmarin, 1 TL Meersalz und Pfeffer in den Gefrierbeutel geben. Das vorbereitete Gemüse (also Auberginen, Zucchini,

*Gibt es keine vollreifen Tomaten? Dann kannst Du alternativ 400 g stückige Tomaten aus der Dose nehmen.

Warum und wieso ...

... wird das Gemüse vor dem Kochen mariniert? Weil es durch die Marinade erst Charakter bekommt! Denn das mit Knoblauch und Kräutern angereicherte Öl würzt nicht nur, sondern macht das Gemüse noch saftiger, wenn es mit den anderen Zutaten im Topf geschmort wird.

Paprika, Zwiebeln) zufügen und alles gut mischen. Den Beutel verschließen und mindestens 12 Std., am besten über Nacht, in den Kühlschrank legen.

3. Am nächsten Tag die Stielansätze aus den Tomaten herausschneiden. Tomaten mit kochendem Wasser übergießen, kurz darin ziehen lassen, dann die Tomaten abschrecken, häuten und vierteln. Die Kerne entfernen, das Fruchtfleisch in Stücke schneiden.

4. Das Gemüse aus dem Beutel nehmen, in einem Sieb über einer Schüssel abtropfen lassen, dabei den Saft auffangen.

5. In einem breiten Topf das übrige Öl (2 EL) erhitzen, Gemüse hineingeben und unter Wenden bei starker bis mittlerer Hitze ca. 5 Min. braten. Dann die Tomatenstücke und den Gemüsesaft unter das Gemüse mischen und alles mit Salz und Pfeffer würzen. Ratatouille zugedeckt bei schwacher Hitze ca. 15 Min. schmoren, ab und zu durchrühren.

6. Ratatouille mit Salz und Pfeffer abschmecken. Basilikum waschen und trocken schütteln, Blätter abzupfen. Die Hälfte davon fein schneiden und unter das Ratatouille heben, den Rest obendrauf streuen. Dazu schmeckt Baguette.

ASIATISCHE VARIANTE: THAI-RATATOUILLE

Für 4 Personen: Je **300 g Auberginen** und **Zucchini** sowie **2 grüne Paprikaschoten** waschen, putzen und in Stücke schneiden. **2 Schalotten** und **2 Knoblauchzehen** schälen und in Scheiben schneiden. Von **1 Stängel Zitronengras** die äußeren holzigen Blätter entfernen, das weiße Innere in feine Scheiben schneiden. Schalotten, Knoblauch und Zitronengras mit **2 TL roter Currypaste** (Asienregal) und **4 EL Öl** in einem Gefrierbeutel mit dem Gemüse mischen und über Nacht marinieren. Dann Gemüse samt Marinade in **2 EL Öl** ca. 5 Min. anbraten. Mit **2 TL Tomatenmark, 200 g stückigen Tomaten** (Dose) und **200 ml ungesüßter Kokosmilch** (Dose) zugedeckt bei schwacher Hitze ca. 15 Min. schmoren. Mit **1 EL Sojasauce, 2 EL Fischsauce, 2–3 EL Limettensaft** und **1 TL braunem Zucker** abschmecken.

Selleriepüree mit gebackenen Tomaten

Fluffiger Gaumenhit für wenig Geld!

Zubereitungszeit: **ca. 40 Min.**
Backzeit: **ca. 15 Min.**
Pro Portion: **ca. 445 kcal**

Für 2 Personen
1 Stück Knollensellerie (ca. 300 g)
300 g vorwiegend festkochende Kartoffeln
2 Zweige Thymian
(ersatzweise ½ TL getrockneter)
1 Lorbeerblatt | Salz
4 Tomaten
40 g Walnusskerne
½ Bund Petersilie
Pfeffer
1–2 EL Olivenöl (+ Öl für das Blech)
50 ml Milch
1 EL Butter
frisch geriebene Muskatnuss

1. Das Selleriestück und die Kartoffeln schälen, waschen und grob würfeln. Thymian waschen und trocken schütteln, Blättchen abstreifen und mit Sellerie, Kartoffeln und Lorbeerblatt in einen Topf geben. Alles knapp mit Wasser bedecken, leicht salzen und aufkochen. Anschließend die Sellerie-Kartoffel-Mischung zugedeckt bei mittlerer Hitze in ca. 20 Min. weich kochen.

2. Inzwischen den Backofen auf 220° vorheizen. Ein Backblech mit Öl bestreichen. Die Tomaten waschen, vom Stielansatz befreien und quer halbieren. Mit den Schnittflächen nach oben auf das geölte Backblech setzen.

3. Nüsse fein hacken. Petersilie waschen und trocken schütteln, Blätter abzupfen und fein hacken. Nüsse und Petersilie mischen, salzen und pfeffern. Diese Mischung auf den Tomaten verteilen. Tomaten mit Olivenöl beträufeln und im Ofen (Mitte) ca. 15 Min. backen.

4. Sellerie-Kartoffel-Mischung abgießen und bei schwacher Hitze im Topf ausdampfen lassen. Das Lorbeerblatt entfernen. Die Milch mit Butter, Salz, Pfeffer und Muskat erhitzen. Kartoffelmischung mit einem Kartoffelstampfer grob zerdrücken. Dann mit dem Schneebesen cremig rühren, dabei die Milchmischung nach und nach dazugeben.

5. Das Püree mit Salz und Pfeffer abschmecken. Die gebackenen Tomaten aus dem Ofen nehmen und mit dem Püree servieren.

AUS DEM OFEN

Ofengemüse mit Erdnuss-Dip

wenig Aufwand, viel Geschmack

Zubereitungszeit: ca. 30 Min.
Backzeit: ca. 30 Min.
Pro Portion: **ca. 680 kcal**

Für 2 Personen
400 g Blumenkohl
300 g Pastinaken
300 g Süßkartoffeln
1 Bio-Zitrone
6 EL Olivenöl
Salz | Pfeffer
6 Stängel Petersilie
1–2 frische rote Chilischoten
1 Prise Zucker
100 g Sahnejoghurt
2 EL Erdnussbutter
Außerdem:
Backpapier

1. Den Backofen auf 220° vorheizen. Den Blumenkohl waschen, putzen und in kleine Röschen teilen, den Strunk klein würfeln. Pastinaken putzen, mit dem Sparschäler schälen und längs vierteln. Die Süßkartoffeln schälen, halbieren oder vierteln und in ca. 1 cm dicke Scheiben schneiden. Zitrone heiß waschen und abtrocknen, mit einem Sparschäler zwei Streifen Schale abschälen, Saft auspressen. Wer es zitroniger mag, reibt die Schale auf einer Reibe fein ab.

2. In einer großen Schüssel 3 EL Öl und 1 EL Wasser mit der Zitronenschale mischen. Süßkartoffeln, Blumenkohl und Pastinaken mit dem Zitronenöl vermischen. Mit Salz und Pfeffer würzen.

3. Ein Backblech mit Backpapier auslegen, das Gemüse darauf verteilen. Im heißen Ofen (unten) 30–35 Min. rösten, dabei das Gemüse gelegentlich wenden.

4. Inzwischen die Petersilie waschen und trocken schütteln, Blätter abzupfen und sehr fein hacken. Chili waschen, putzen und längs aufschneiden. Die Kerne herausschaben, Chilihälften winzig klein würfeln (danach Hände waschen!).

5. Die Petersilie und die Chiliwürfel mit 1 EL Zitronensaft, den übrigen 3 EL Öl sowie Salz, Pfeffer und Zucker verrühren.

6. Für den Dip den Joghurt mit der Erdnussbutter cremig verrühren, mit 1–2 TL Zitronensaft, Salz und Pfeffer abschmecken.

7. Das Gemüse aus dem Ofen nehmen, mit dem Chiliöl beträufeln und mit dem Erdnuss-Dip servieren.

Fetakäse
im Päckchen

Fetakäse im Päckchen

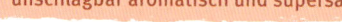

unschlagbar aromatisch und supersaftig

Zubereitungszeit: **30 Min.**
Backzeit: **20 Min.**
Pro Portion: **ca. 520 kcal**

Für 2 Personen
je 1 rote, gelbe und orange Paprikaschote
1 Zwiebel
2 Knoblauchzehen
4 EL Olivenöl
4 EL trockener Weißwein
75 ml Gemüsefond oder -brühe
(Glas oder Instant)
Salz | Pfeffer
1 Prise Zucker
1 EL Aceto balsamico
4 Stängel Petersilie
200 g Fetakäse*
6 Zweige Thymian
(ersatzweise 1 TL getrockneter)
1 Bio-Zitrone
Außerdem:
2 Bögen Pergament- oder Backpapier
(je ca. 42 x 38 cm)
Küchengarn

*Original Feta reift in Salzlake, sein Name ist geschützt. Er darf nur aus Schafs- und/ oder Ziegenmilch in Griechenland hergestellt werden.

1. Die Paprikaschoten vierteln und putzen. Samen und Trennwände entfernen. Die Paprikaviertel waschen und in ca. 2 cm große Rauten schneiden. Die Zwiebel schälen, halbieren und in feine Streifen schneiden. Den Knoblauch schälen und sehr fein hacken.

2. Den Backofen auf 200° vorheizen. In einem Topf 2 EL Olivenöl erhitzen. Die Zwiebelstreifen und Paprikastücke dazugeben und bei starker Hitze unter regelmäßigem Wenden 2–3 Min. anbraten, bis alles angeröstet ist. Den Knoblauch zufügen und kurz mitbraten. Wein und Fond oder Brühe dazugießen und bei mittlerer Hitze offen ca. 5 Min. einkochen, bis die Flüssigkeit bis zur Hälfte reduziert ist. Das Gemüse mit Salz, Pfeffer, Zucker und Aceto balsamico würzen und den Topf vom Herd nehmen. Die Petersilie waschen und trocken schütteln, Blätter abzupfen, hacken und unter das Gemüse mischen.

3. Die Pergament- oder Backpapierbögen nebeneinander auf die Arbeitsfläche legen. Jeweils die Hälfte des Paprikagemüses in die Mitte des Papiers geben.

4. Den Feta quer halbieren. Die Thymianzweige waschen und trocken schütteln. Die Zitrone heiß waschen und abtrocknen, mit einem Sparschäler 2 Streifen Schale dünn abschälen. Jeweils 1 Stück Schafskäse auf das Paprikagemüse legen und mit je 3 Zweigen Thymian und 1 Streifen Zitronenschale belegen. Alles mit Pfeffer übermahlen und mit je 1 EL Olivenöl beträufeln.

5. Das Papier über dem Käse zusammenfalten und gut verschließen, dabei die Enden wie bei einem Bonbon mit Küchengarn an den Seiten zubinden. Die Päckchen nebeneinander auf ein Backblech legen. Schafkäse und Gemüse im heißen Ofen (Mitte) ca. 20 Min. backen.

6. Die Päckchen aus dem Ofen nehmen (Vorsicht! Sie sind sehr heiß!), auf je einen Teller legen und erst bei Tisch öffnen. Den Inhalt auf dem Teller mischen. Dazu schmeckt frisches Baguette, Ciabatta oder Fladenbrot.

VARIANTE: KARTOFFEL-GEMÜSE-PÄCKCHEN

Für 2 Personen: **250 g festkochende Kartoffeln** schälen. **200 g Zucchini** waschen und putzen. **1 rote Paprikaschote** putzen und vierteln. Die Samen und Trennwände entfernen. Kartoffeln, Zucchini und Paprika in ca. 1 cm große Würfel schneiden. Kartoffeln in **2 EL Olivenöl** bei starker Hitze ca. 3 Min. braten, dann Zucchini und Paprika ca. 2 Min. mitbraten. **2 Zweige Rosmarin** und **6 Zweige Thymian** untermischen, alles mit **Salz, Pfeffer** und **1–2 EL Zitronensaft** würzen. **10 Kirschtomaten** waschen und unterheben. Auf zwei Bögen Back- oder Pergamentpapier verteilen und mit je **2 EL Olivenöl** beträufeln. Papier über der Füllung wie zu einem Säckchen zusammenfassen und mit Küchengarn zubinden. Päckchen auf einem Backblech im vorgeheizten Ofen bei 200° (Mitte) ca. 20 Min. backen.

Steckrüben-Lauch-Gratin

Zubereitungszeit: **ca. 25 Min.**
Backzeit: **ca. 25 Min.**
Pro Portion: **ca. 580 kcal**

Für 2 Personen
1 Steckrübe (ca. 600 g)
1 Stange Lauch
Salz
Pfeffer
frisch geriebene Muskatnuss
6–8 Zweige Thymian (ersatzweise
1 TL getrockneter)
100 g Gorgonzola
200 g Sahne
Butter für die Form
Außerdem:
Auflaufform (ca. 30 x 20 cm)

1. Die Steckrübe putzen, längs halbieren, schälen und in ca. ½ cm dicke Scheiben schneiden. Den Lauch putzen, längs einschneiden, unter fließend kaltem Wasser gut waschen und schräg in ca. ½ cm breite Scheiben schneiden.

2. Den Backofen auf 200° vorheizen. In einem großen Topf 1 l Wasser aufkochen, salzen. Die Steckrübenscheiben darin 6–7 Min. kochen. Mit einer Schaumkelle herausheben und in einem Sieb gut abtropfen lassen.

3. Den Lauch in das sprudelnd kochende Wasser geben, ca. 2 Min. darin kochen (blanchieren), dann in ein Sieb abgießen, eiskalt abschrecken und ebenfalls gut abtropfen lassen.

4. Die Auflaufform mit Butter fetten. Die Steckrübenscheiben dachziegelartig einschichten und mit Salz, Pfeffer und Muskat würzen. Die Lauchscheiben obendrauf streuen.

5. Thymian waschen und trocken schütteln, die Blättchen abstreifen und bis auf einen kleinen Rest hacken. Die Hälfte vom Gorgonzola mit einer Gabel zerdrücken, mit Sahne, gehacktem Thymian, Salz und Pfeffer verquirlen und über das Gemüse gießen. Den übrigen Gorgonzola zerbröckeln und obendrauf streuen.

6. Das Gratin im heißen Backofen (Mitte) 20–25 Min. überbacken, bis der Käse leicht geschmolzen ist. Das Gratin mit den restlichen Thymianblättchen garnieren und servieren. Dazu schmeckt kräftiges Bauernbrot.

Überbackener Wirsing mit Pilzen

Überbackener Wirsing mit Pilzen

Luxus für den Alltag

Zubereitungszeit: **ca. 45 Min.**
Backzeit: **ca. 20 Min.**
Pro Portion: **ca. 625 kcal**

Für 2 Personen
Salz | 1 kleiner Wirsing (ca. 500 g)
2 kleine Zwiebeln
3 EL Öl
200 g stückige Tomaten (Dose)
50 ml Gemüsebrühe (Instant)
Pfeffer | 1 Prise Zucker
200 g Champignons*
10 g getrocknete, in Öl eingelegte Tomaten
5 EL trockener Weißwein
100 g Sahne
½ TL getrockneter Majoran
100 g mittelalter Gouda
1 EL Sonnenblumenkerne
Außerdem:
Auflaufform (ca. 30 x 20 cm)
Butter für die Form

*Mit frischen Pfifferlingen statt Champignons wird das Wirsinggratin zum Sonntagsessen.

1. Reichlich Wasser aufkochen und salzen. Inzwischen den Wirsing waschen und äußere Blätter entfernen. Den Kopf halbieren und in schmale Spalten schneiden, dabei den Strunk nur wenig entfernen, sodass die Spalten noch zusammenhalten.

2. Wirsingspalten ins kochende Salzwasser geben und darin 5–7 Min. kochen (blanchieren; siehe Info). Mit einer Schaumkelle herausheben, kalt abschrecken und in einem Sieb abtropfen lassen.

Warum und wieso...

... wird der Wirsing vor dem Gratinieren gekocht? Durch das minutenschnelle Tauchbad in sprudelnd kochendem Salzwasser wird er zunächst mal vorgegart. Außerdem beseitigt das »Blanchieren«, wie das Vorkochen offiziell genannt wird, unangenehme Geschmacks- und Bitterstoffe. Durch das eiskalte Abschrecken bleiben Farbe und viele Vitamine erhalten, weil so der Garprozess blitzschnell gestoppt wird.

3. Inzwischen den Backofen auf 200° vorheizen. 1 Zwiebel schälen und würfeln. 1 EL Öl in einem Topf erhitzen, Zwiebelwürfel darin andünsten, bis sie glasig-hellgelb aussehen. Stückige Tomaten und die Brühe dazugeben, aufkochen und zugedeckt bei schwacher Hitze ca. 10 Min. garen. Dann die Sauce mit dem Pürierstab fein pürieren, mit Salz, Pfeffer und Zucker würzen.

4. Inzwischen die Champignons putzen, abreiben und in Scheiben schneiden. Die übrige Zwiebel schälen und fein würfeln. Getrocknete Tomaten abtropfen lassen und in feine Streifen schneiden. Übriges Öl (2 EL) in einer Pfanne erhitzen, Pilze darin unter Wenden bei starker bis mittlerer Hitze in ca. 3 Min. hellbraun anbraten. Zwiebelwürfel ca. 1 Min. mitbraten. Wein und Sahne dazugießen. Getrocknete Tomaten und Majoran dazugeben. Alles salzen und pfeffern.

5. Den Käse fein reiben. Die Auflaufform mit etwas Butter fetten. Die Tomatensauce hineingießen und die Wirsingspalten hineinlegen. Die Pilzmischung auf dem Wirsing verteilen und alles mit dem geriebenen Käse und mit den Sonnenblumenkernen bestreuen. Wirsing und Pilze im heißen Backofen (Mitte) in ca. 20 Min. goldbraun überbacken.

VARIANTE: WEISSKOHL AUS DEM OFEN

Für 2 Personen: Von **½ Weißkohl** (600 g) die äußeren Blätter entfernen. Kohl in Spalten schneiden. **150 g kleine Zwiebeln** schälen, halbieren oder vierteln. In einer Pfanne **3 EL Öl** erhitzen, die Kohlspalten darin bei mittlerer bis starker Hitze von beiden Seiten ca. 4 Min. anbraten. Zwiebeln dazugeben und 2–3 Min. mitbraten. **200 ml Gemüsebrühe** (Instant) dazugießen und alles salzen und pfeffern. **6 Salbeiblätter** in feine Streifen schneiden und dazugeben. Gemüse in eine ofenfeste Form umfüllen und im vorgeheizten Ofen (unten) bei 200° ca. 30 Min. backen. Inzwischen **50 g Butter** in einer kleinen Pfanne aufschäumen und **3 EL Semmelbrösel** darin bei mittlerer Hitze unter Rühren knusprig rösten. Den Brösel-Mix nach 25 Min. Backzeit auf den Weißkohl streuen und 5 Min. mitbacken.

Baked-Beans-Gratin

Hausmannskost mit Finesse

Zubereitungszeit: ca. 30 Min.
Backzeit: ca. 15 Min.
Pro Portion: ca. 365 kcal

Für 2 Personen
1 kleine Zwiebel | 1 Knoblauchzehe
1 kleine rote Paprikaschote
1 Tomate
1 Dose kleine weiße Bohnen
(250 g Abtropfgewicht)
50 g Manchego-Käse
2 EL Ahornsirup
1 EL Tomatenmark
1 Stück Sternanis
2 TL mittelscharfer Senf
2–3 Spritzer Worcestershire-Sauce
Salz | Pfeffer
2 TL Apfelessig
2 Eier (Größe L)
Außerdem:
runde Gratinform (Ø 26 cm) oder
2 kleine Portionsformen

1. Zwiebel und Knoblauch schälen und fein würfeln. Die Paprikaschote vierteln und putzen. Samen und Trennwände entfernen. Paprikaviertel waschen und in kleine Würfel schneiden. Tomate waschen, vom Stielansatz befreien, vierteln und mit einem Löffel die Kerne herauskratzen, das Fruchtfleisch würfeln.

2. Die Bohnen in ein Sieb abgießen, abbrausen und gut abtropfen lassen. Den Manchego-Käse entrinden und auf der Rohkostreibe grob raspeln.

3. Den Backofen auf 200° vorheizen. In einem Topf den Ahornsirup bei mittlerer Hitze erhitzen. Zwiebel, Knoblauch und Paprika zufügen und bei mittlerer Hitze ca. 3 Min. unter Rühren dünsten, bis das Gemüse glänzt. Das Tomatenmark und den Sternanis einrühren und ca. 1 Min. unter Rühren andünsten. 100 ml Wasser dazugießen, alle Zutaten mit dem Kochlöffel verrühren und zum Kochen bringen. Die Sauce mit Senf, Worcestershire-Sauce, Salz, Pfeffer und Essig würzen. Die Bohnen und Tomatenwürfel untermischen und 2–3 Min. ziehen lassen.

4. Die Bohnenmischung in der Gratinform oder in den Förmchen verteilen. In die Mitte der Bohnen mit einem Esslöffel zwei Mulden drücken.

5. Die Eier nacheinander aufschlagen und in je eine Mulde gleiten lassen. Den Manchego aufstreuen. Das Gratin im heißen Backofen (Mitte) 12–15 Min. backen, bis das Eigelb gerade fest geworden ist. Herausnehmen und gleich servieren. Dazu schmecken geröstete Toastbrot-Ecken.

Polenta-Pizza

Zubereitungszeit: **ca. 30 Min.**
Kühlzeit: **ca. 30 Min.**
Backzeit: **ca. 10 Min.**
Pro Portion: **ca. 550 kcal**

Für 2 Personen
400 ml Gemüsebrühe (Instant)
5 EL Milch
1 EL Olivenöl
115 g Polenta (feiner Maisgrieß)
50 g italienischer Hartkäse
Salz | Pfeffer
150 g Kirschtomaten
40 g Rucola
1 Kugel Büffelmozzarella (ca. 125 g)
2 EL Balsamico-Creme
Außerdem:
Backpapier

Warum und wieso ...

... soll man in alten Rezepten Polenta 1 Stunde rühren? Das ist die traditionelle Art der Zubereitung, doch heute gibt es eine schnellere Alternative: In den meisten Supermärkten wird vorgegarter Maisgrieß angeboten, der ebenso cremig wird, aber je nach Sorte nur 5–15 Min. Garzeit braucht.

1. In einem Topf die Brühe mit Milch und Olivenöl aufkochen. Den Polenta-Grieß einrieseln und unter Rühren einmal aufwallen lassen, dann Hitze auf kleinste Stufe herunterschalten und die Polenta zugedeckt bei schwacher Hitze nach Packungsangabe in 5–15 Min. ausquellen lassen (siehe Info).

2. Inzwischen den Hartkäse fein reiben. Die Hälfte davon unter den Maisbrei rühren. Polenta mit Salz und Pfeffer abschmecken. Vom Herd nehmen und etwas abkühlen lassen. Dann mit einem angefeuchteten großen Messer auf einem mit Backpapier belegten Blech zu einem Fladen von ca. 1 cm Dicke verstreichen.

3. Den Backofen auf 220° vorheizen. Die Kirschtomaten waschen und halbieren. Den Rucola waschen, trocken schleudern und die groben Stiele abschneiden. Den Mozzarella abtropfen lassen, trocken tupfen und 1–2 cm groß würfeln. Polenta mit dem übrigen Hartkäse bestreuen, mit Mozzarella und Tomaten belegen. Mit Salz und Pfeffer würzen.

4. Polenta-Pizza im Ofen (unten) 8–10 Min. backen. Vor dem Anschneiden 5–10 Min. ruhen lassen. Mit Balsamico-Creme beträufeln, mit Rucola bestreut servieren.

Geht prima: Polenta-
Boden vorbereiten
und erst kurz
vor dem Servieren
vollenden!

Auberginen-Lasagne

Auberginen-Lasagne

saftiger Sommer-Hit

Zubereitungszeit: ca. 35 Min.
Backzeit: ca. 35 Min.
Ruhezeit: ca. 10 Min.
Pro Portion: ca. 620 kcal

Für 4 Personen
2 Auberginen (ca. 500 g) | Salz
2–3 Fleischtomaten (ca. 500 g)
100 g Pecorino *
½ Bund Petersilie
6 Zweige Thymian (ersatzweise
1 TL getrockneter)
1 Zwiebel
1 Knoblauchzehe
1 EL Butter
1 EL Mehl
500 ml Milch
Pfeffer
frisch geriebene Muskatnuss
5 EL Olivenöl
300 g Lasagneblätter
(ohne Vorkochen)
Außerdem:
Butter für die Form
Auflaufform (ca. 30 x 25 cm)

* Den pikant-würzigen Hartkäse aus Schafsmilch bekommst Du beim italienischen Feinkosthändler.

1. Die Auberginen waschen, trocken reiben und den Stielansatz entfernen. Auberginen der Länge nach in dünne Scheiben schneiden, beidseitig salzen und ca. 10 Min. ziehen lassen. Fleischtomaten waschen und die Stielansätze herausschneiden. Tomaten quer in dünne Scheiben schneiden und leicht salzen. Den Käse auf der Rohkostreibe fein reiben. Petersilie und Thymian waschen und trocken schütteln, Blätter abzupfen bzw. abstreifen und fein hacken.

2. Den Backofen auf 200° vorheizen. Für eine Béchamelsauce Zwiebel und Knoblauch schälen und fein hacken. Die Butter in einem Topf zerlassen.

Warum und wieso...

... soll man der Lasagne vor dem Anschneiden eine Pause gönnen? Damit sie sich leicht portionieren und aus der Form heben lässt! Lass die fertige Lasagne bei ausgeschaltetem Ofen und leicht geöffneter Tür noch unbedingt 5–10 Min. ruhen. So verteilt sich die Sauce gleichmäßig und die saftige Füllung »setzt« sich unter der zartknusprigen Oberfläche.

3. Zwiebelwürfel und Knoblauch in der Butter andünsten, bis sie glasig-hellgelb aussehen. Das Mehl darüberstäuben und unter Rühren kurz mitdünsten. Milch angießen und alles mit einem Schneebesen kräftig durchrühren. Die Sauce einmal aufkochen, dann bei schwacher Hitze ca. 5 Min. unter gelegentlichem Rühren köcheln und andicken lassen. Mit Salz, Pfeffer und Muskat würzen. 50 g Pecorino und die gehackten Kräuter unterrühren, dann die Sauce auf dem abgeschalteten Herd bis zum Gebrauch ziehen lassen.

4. Inzwischen die Auberginenscheiben mit Küchenpapier trocken tupfen. In einer großen beschichteten Pfanne nach und nach das Öl erhitzen und die Auberginen darin portionsweise bei starker Hitze 4–5 Min. auf beiden Seiten goldbraun braten. Auberginen herausnehmen und auf Küchenpapier kurz abtropfen lassen.

5. Die Auflaufform einfetten. Abwechselnd Lasagneblätter, Auberginen, Béchamelsauce und Tomaten einschichten. Den Auflauf mit einer letzten Schicht Lasagneblättern belegen, übrige Béchamelsauce darauf verteilen und mit dem übrigen Käse bestreuen. Im heißen Ofen (Mitte) 30–35 Min. backen. Die Lasagne vor dem Anschneiden noch 5–10 Min. ruhen lassen (siehe Info).

VARIANTE: GEMÜSE-LASAGNE

Für 4 Portionen: **250 g Seitan** fein hacken. **1 Zwiebel** und **1 Möhre** schälen, würfeln, mit dem Seitan in **1 EL Olivenöl** ca. 5 Min. anbraten. **500 g stückige Tomaten** (Dose) und **125 ml Gemüsebrühe** (Instant) zufügen, ca. 5 Min. kochen. Mit **Salz, Pfeffer** und **1 TL rosenscharfem Paprikapulver** würzen. **500 g Brokkoli** waschen, putzen und in Röschen teilen. In Salzwasser ca. 4 Min. kochen, abschrecken und abtropfen lassen. Wie beschrieben aus **1 EL Butter, 1 EL Mehl** und **500 ml Milch** eine Béchamelsauce kochen, salzen und pfeffern. **50 g geriebenen Emmentaler** unterrühren. Abwechselnd **300 g Lasagneblätter**, Käsesauce, Brokkoli und Tomatensauce in eine gefettete Auflaufform schichten. Mit **50 g geriebenem Emmentaler** bestreuen. Im vorgeheizten Ofen (Mitte) bei 200° in 30–35 Min. goldbraun backen.

Spaghetti-Nester

Pasta-Gratin im Miniformat

Zubereitungszeit: **ca. 30 Min.**
Backzeit: **ca. 15 Min.**
Pro Portion **ca. 640 kcal**

Für 2 Personen
Salz | 150 g Spaghetti
100 g Zucchini
2 EL geriebener italienischer Hartkäse
Pfeffer | 2 Tomaten
3 Zweige Oregano (ersatzweise
½ TL getrockneter)
125 g geräucherter Scamorza-Käse
2 Eier (Größe M)
2 EL Sahne
Außerdem:
Backpapier

Warum und wieso ...

... schmilzt Käse? Weil bei hohen Temperaturen das Eiweiß im Käse weich wird! Die Eiweißmoleküle bleiben zwar wie die Fäden eines Fischernetzes miteinander verbunden, aber sie dehnen sich bei Hitze aus, der Käse wird elastisch. Und das Fett, das zuvor in Form von harten Kügelchen zwischen den Eiweißteilchen lagerte, wird ebenfalls weich und dehnbar, sobald man Käse erhitzt.

1. In einem großen Topf 1,5 l Wasser aufkochen und 1 ½ TL Salz zufügen. Die Spaghetti im kochenden Salzwasser nach Packungsangabe in 8–10 Min. bissfest kochen. Inzwischen den Backofen auf 200° vorheizen. Ein Backblech mit Backpapier belegen. Die Zucchini waschen, abtrocknen, vom Blütenansatz befreien und auf der Rohkostreibe grob raspeln.

2. Die Nudeln abgießen und in einem Sieb gut abtropfen lassen. Zucchiniraspel und den Hartkäse unter die Pasta mischen, salzen und pfeffern. Die Nudeln mit Hilfe einer Gabel zu sechs kleinen, flachen Nudelnestern drehen und auf das vorbereitete Backblech setzen.

3. Die Tomaten waschen, vom Stielansatz befreien, vierteln und mit einem Löffel die Kerne herauskratzen, das Fruchtfleisch würfeln. Den Oregano waschen und trocken schütteln, Blätter abzupfen und fein hacken. Den Käse grob raspeln.

4. Eier und Sahne verquirlen, mit Salz und Pfeffer würzen. Tomatenwürfel, Oregano und Scamorza untermischen. Jeweils gut 1 EL von der Eier-Käse-Mischung in die Mitte verteilen. Spaghetti-Nester im heißen Ofen (unten) 15–18 Min. backen, bis der Käse geschmolzen ist (siehe Info).

Spinat-Quiche mit Feta

auch als Snack für eine größere Runde

Zubereitungszeit: **ca. 45 Min.**
Backzeit: **ca. 35 Min.**
Ruhezeit: **ca. 10 Min.**
Pro Stück (bei 8): **ca. 450 kcal**

Für 4–8 Personen
250 g Mehl
125 g weiche Butter (+ Butter für die Form)
Salz | 4 Eier (Größe M)
600 g junger Blattspinat*
100 g getrocknete, in Öl eingelegte Tomaten
100 g Fetakäse
60 g schwarze Oliven
200 g Sahne | Pfeffer
frisch geriebene Muskatnuss
1 EL Pinienkerne
Mehl zum Arbeiten und für die Form
Außerdem:
runde Springform (26 cm Ø)

*Turbo-Tipp: Du kannst auch 500 g TK-Blattspinat kaufen, auftauen lassen und dann mit Feta, Oliven und Tomaten einfach so auf den Teigboden geben.

1. Mehl, Butter, 1 Prise Salz und 1 Ei in eine Schüssel geben und mit den Knethaken des Handrührgeräts rasch zu einem glatten Teig verkneten. Zur Kugel formen, in Folie wickeln und 30 Min. kalt stellen.

2. Inzwischen den Spinat waschen, abtropfen lassen und verlesen, grobe Stiele abschneiden. Wasser in einem Topf aufkochen und salzen. Spinat ins sprudelnd kochende Salzwasser geben, nach ca. 15 Sek. in ein Sieb abgießen, eiskalt abschrecken und abtropfen lassen. Spinat mit den Händen ausdrücken und hacken.

3. Den Backofen auf 200° vorheizen. Getrocknete Tomaten abtropfen lassen und mit dem Feta in kleine Würfel schneiden. Das Olivenfleisch vom Stein schneiden und klein würfeln. Feta, Tomaten und Oliven unter den Spinat mischen.

4. Die Form fetten und mit Mehl ausstreuen. Den Teig auf der bemehlten Arbeitsfläche ca. 4 cm größer als die Form ausrollen. In die Form geben, dabei den Teig am Rand hochziehen und gut andrücken. Boden mehrmals einstechen.

5. Übrige Eier mit der Sahne verquirlen, mit Salz, Pfeffer und Muskat kräftig würzen. Spinatmischung auf dem Teigboden verteilen, den Eierguss darübergießen. Die Quiche im Ofen (Mitte) insgesamt ca. 35 Min. backen, dabei ca. 10 Min. vor Ende der Backzeit die Pinienkerne aufstreuen. Quiche aus dem Ofen nehmen und noch ca. 10 Min. ruhen lassen.

Extra saftig mit zartem Blattspinat und Griechenlands Lieblingskäse!

Damit Du Rezepte mit bestimm-
ten Zutaten noch schneller findest, sind in diesem Register
auch beliebte Hauptzutaten
wie Paprikaschoten und Tofu
alphabetisch eingeordnet und
hervorgehoben. Darunter findest Du das Rezept Deiner Wahl.

So viel mehr lecker.

IMPRESSUM

© 2014 GRÄFE UND UNZER
VERLAG GMBH, München

Konzept und Projektleitung:
Alessandra Redies
Lektorat: Susanne
Bodensteiner
Korrektorat: Susanne Elbert
**Layout, Typografie und
Umschlaggestaltung:**
independent Medien-Design,
Horst Moser, München
Illustrationen: Julia Hollweck
Herstellung: Petra Roth
Satz: Marion Feldmann
Reproduktion: medienprinzen
GmbH, München
Druck und Bindung:
Printer, Trento
Syndication:
www.jalag-syndication.de
ISBN 978-3-8338-3777-7
1. Auflage 2014

Die Autorin

Martina Kittler, Oecotropholo-
gin und erfahrene Kochbuchau-
torin, hat immer das passende
Rezept und einen Tipp parat,
wenn es darum geht, das
Veggie-Prinzip in die Praxis um-
zusetzen. Für das Buch hat sie
rund 50 unkomplizierte Gerich-
te entwickelt, die den Wunsch
nach einer Küche ohne Fleisch
einfach und im Nu erfüllen und
auch vegetarische Greenhorns
glücklich machen.

Der Fotograf

Klaus-Maria Einwanger foto-
grafiert in seinen KME-Studios
im Süden von München und
in London Foodthemen mal
stylisch, mal emotional, aber
immer voller Atmosphäre.
Gemeinsam mit Sven Dittmann
(Foodstyling) und Alexandra
Holzer (Styling) setzte er auch
die Veggie-Rezepte dieses
Buches ins rechte Licht. Um die
spätere Bildbearbeitung küm-
merte sich Christian Kempf.

Hinweis zum Thema Käse

Wir möchten Sie darauf
aufmerksam machen, dass es
Käsesorten gibt, die mit tieri-
schem Lab hergestellt werden.
Zuverlässige Informationen
erhalten Sie direkt bei dem
jeweiligen Käsehersteller.

Backofenhinweis

Die Backzeiten können je nach
Herd variieren. Die Temperatur-
angaben in diesem Buch be-
ziehen sich auf das Backen im
Elektroherd mit Ober- und Un-
terhitze und können bei Gas-
herden oder Backen mit Umluft
abweichen. Details entnehmen
Sie bitte der Gebrauchsanwei-
sung für Ihren Herd.

 www.facebook.com/gu.verlag

Liebe Leserin, lieber Leser,

haben wir Ihre Erwartungen erfüllt?
Sind Sie mit diesem Buch zufrie-
den? Haben Sie weitere Fragen zu
diesem Thema? Wir freuen uns auf
Ihre Rückmeldung, auf Lob, Kritik
und Anregungen, damit wir für Sie
immer besser werden können.

GRÄFE UND UNZER Verlag
Leserservice
Postfach 86 03 13
81630 München
E-Mail:
leserservice@graefe-und-unzer.de

Telefon: 00800 / 72 37 33 33*
Telefax: 00800 / 50 12 05 44*
Mo–Do: 8.00–18.00 Uhr
Fr:　　　8.00–16.00 Uhr
(* gebührenfrei in D, A, CH)

Ihr GRÄFE UND UNZER Verlag
Der erste Ratgeberverlag – seit 1722.

GRÄFE
UND
UNZER

Ein Unternehmen der
GANSKE VERLAGSGRUPPE